우리말 표현 수업

우리말 표현 수업

INFLUENTIAL
인플루엔셜

'우리말의 과학화'를 향한 한 걸음

글쓰기에 매달려온 지 어느새 40년을 넘었습니다. 애초 광고쟁이를 꿈꾸다 1986년 신문사 공채에 덜컥 붙는 바람에 팔자에 없던 신문쟁이 길을 걸어왔습니다. 돌아보면 마지막 프레스카드 세대로서 납활자 시대의 끄트머리를 거쳐온 시절입니다. 그러다 보니 아날로그와 디지털 시대의 언어를 함께 겪은 운 좋은 세대였다고 할 만합니다. 어느새 컴퓨터는 물론 소셜미디어(SNS)를 넘어 인공지능(AI) 시대의 언어를 고민해야 하는 지경이 되었습니다. '오징어 윤(允)', '쌍길 철(喆)'을 읊던 지난 시절은 아련한 추억으로 남았습니다.

디지털 시대에도
말과 글의 본질은 같다

미디어 플랫폼이 다변화하면서 지금은 누구나 자기 생각을 표현할 수 있는 시대입니다. SNS 포스팅부터 일상의 대화까지, AI가 문장을 대신 써줄 정도로 언어환경은 크게 달라졌습니다. 하지만 양적 풍부함이 질적 우수함을 담보하지는 않습니다.

말과 글의 기본은 예나 지금이나 그 본질만큼은 변함이 없습니다. 생각을 정확하게 담아내고, 듣는 이와 읽는 이가 쉽게 이해하도록 표현하는 일, 그리고 불필요한 군더더기를 덜어내는 일 같은 것들입니다.

기술이 아무리 발전해도 이런 기본은 변하지 않습니다. 그런 의미에서 AI 시대의 진짜 경쟁력이 더 정교한 기준과 원칙으로 무장한 '언어적 정확성'에 있다는 말은 역설적입니다. 이런 문제의식이 부족한 게 많은 필자가 지금까지 써온 글들을 모아 깁고 다듬어 책으로 묶는 용기를 낼 수 있게 했습니다.

'상선약수(上善若水).' 노자의 〈도덕경〉에 나오는 이 한마디만큼 언어생활의 태도를 잘 드러내는 말은 없을 듯합니다. 이 말은 "가장 좋은 것은 물과 같다"라는 가르침을 담고 있습니다. 물은 유함과 강함을 함께 갖고 있지요. 봄바람에 순풍 타듯 부드럽게 흐르다가도, 때로는 파도를 갈라치는 힘을 떨쳐냅니다.

말과 글도 다르지 않습니다. 그렇게 물 흐르듯 나아가야 합니다. 자연스럽게 흐르면서도 필요한 순간에는 또렷한 힘을 드러 낼 때 '힘 있고 세련된 언어'가 됩니다.

'힘 있고 세련된 언어'를 찾는 여정

그런 점에서 저는 이 책에서 언어생활의 자세를 상선약수의 정신으로 풀어냈습니다.

우선 '자연스럽게 쓰기'입니다. 물이 둥글고 모난 그릇을 가리지 않듯이 글도 말하듯이 자연스럽게 쓸 때 좋은 표현이 나옵니다. 문장을 억지로 '만들려고' 하지 않아야 합니다. 어색하고 딱딱한 표현을 썼다면, 그것을 누군가에게 말로 설명한다고 생각하고 스스로 읊어보면 좋습니다. 말하듯이 쓰는 법, 그것이 자연스럽게 쓰기입니다.

두 번째는 '과학적 언어생활'입니다. 물이 다투지 않고 어느 곳이나 스며들 듯 합리적이고 이치에 맞는 말과 글은 누구나 수긍합니다. 일상의 대화에서도 논리적 중심을 잡으려 노력해야 하는 이유입니다.

세 번째는 '알기 쉽게 쓰기'입니다. 모두들 AI 시대를 말하면서 우리의 언어 습관은 여전히 공급자 중심을 벗어나지 못하고 있습니다. 수용자 중심의 메시지가 필요합니다. 이른바 '독자친화적 표현'이 그것입니다. 문해력 논란이 크지만, 이를 읽고 듣는 이의 관점에서만 보면 문제가 잘 풀리지 않습니다. 문해력은 동전의 양면 같은 것이라, 전달하고자 하는 내용을 얼마나 쉽고 짜임새 있게 구성하느냐에 따라 소통의 성공 확률이 달라집니다.

네 번째는 '풍성하고 다양한 표현 살리기'입니다. 하이에크의 자유주의 사상에 빗대 말하면, 언어의 발전도 설계에 의한 게 아니라 오랜 시일에 걸친 자생적 진화와 발전에 따른 것이지요. 자유로운 언어시장에서 공론화를 거쳐 가장 경쟁력 있는 말이 살아남습니다. 인위적 개입 없이 시장 순리를 따라 흘러가게 하는 게 상선약수의 언어 철학입니다.

잘 짜인 문장에는 긴장감이 흐릅니다. 군더더기 하나 없이 깔끔한 문장은 힘이 있고 세련된 느낌을 주지요. 이 책은 그런 힘 있고 세련된 표현을 찾아 일상에 적용하기 위한 실전적 여정입니다.《한국경제신문》논술 자매지인《생글생글》에 장기 연재하고 있는〈홍성호 기자의 열려라! 우리말〉에서 기획 의도에 맞는 글들을 선정해 깁고 더했습니다.

보잘것없는 원고를 다듬어 그나마 세상에 내놓을 수 있었던 것은 온전히 인플루엔셜 한성수 이사님과 이예림 편집자님 덕분입니다. 무엇보다도 우리말 칼럼에 귀한 지면을 오랫동안 기꺼이 내준《한국경제신문》에 깊이 감사드립니다.

이 책이 우리 말글살이에 거창한 해답을 제시할 수는 없을 것입니다. 다만 일상에서 무심코 쓰던 표현을 한 번쯤 다시 돌아보고, 조금 더 자연스럽고 정확한 말을 찾는 데 작은 길잡이가 되었으면 좋겠습니다.

독자들이 책을 통해 '읽는 재미'와 '깊이'를 공유하고, 나아가 우리말을 한 번 더 생각하는 계기가 된다면 글쓴이로서는 더없이 큰 보람일 것입니다.

2026년 새봄에

홍성호

2장
틀린 줄도 모르고 습관처럼 쓰는 말

4장
알아두면 교양이 되는 말

5장 사라지고, 바뀌고, 살아남은 말

6장 조금만 바꿔도 글이 좋아지는 말

1장

상황에 맞게 골라 쓰는 말

'좋은 하루 되세요'는 맞는 말일까

문법과 현실 언어

우리는 하루에도 몇 번씩 같은 인사를 주고받습니다. 메일을 마무리할 때, 문자 메시지 끝에 덧붙일 때, 계산대 앞에서 짧게 인사를 건넬 때도 이런 말을 합니다.

"좋은 하루 되세요."

너무 익숙해서 별생각 없이 쓰는 말이지만, 상대를 배려하는 마음이 담긴 표현이기도 합니다.

그런데 한편에서는 이 말이 우리 어법에 맞지 않는다는 지적이 있습니다. 무엇이 문제일까요?

논란의 핵심은 '좋은 하루'가 '되다'와 결합할 수 있느냐입니다. 이 말은 우리말의 규범과 현실적으로 사용하는 언어가 다른 대표적 사례입니다. 규범과 현실의 충돌이지요. 우선 순수하게 어법적 관점에서 살펴볼까요?

'좋은 하루 되다'는 곰곰이 생각하면 확실히 어색합니다. 누가 누구한테 무엇이 되라는 것일까요? 논리적으로 따져보면 성립하지 않는 말입니다. 사람은 좋은 하루를 '보낼 수는' 있어도, 될 수는 없으니까요. 이렇듯 논리에 맞지 않은 말은 사람들을 친절하게 대해야 하는 서비스업 종사자들이 특히 많이 사용합니다.

'되다'의 쓰임새를 잠깐 살펴보겠습니다. 보통 '물이 얼음이 되다'처럼, 어떤 것이 다른 것으로 바뀔 때 '되다'를 씁니다. 이때 '물'과 '얼음'은 서로 동격 구조를 이룹니다.

만일 철수에게 "좋은 하루 되세요"라고 말한다면, 말 그대로 받아들일 경우 '철수=좋은 하루'인 셈입니다. 이치에 맞지 않지요. 이 표현이 어딘가 어색하게 느껴지는 이유가 바로 여기에 있습니다.

물론 말이란 게 항상 논리적으로만 따질 일은 아닙니다. 만일 방송에서 이 말을 썼다면 이는 "시청자 여러분, 오늘 하루가 (당신에게) 좋은 하루가 되기를 바랍니다"라고 할 말을 확 줄여 쓴 말일 것입니다. 쓰는 사람에게나 듣는 사람에게나 자연스러운 표현입니다만, 우리말 용법을 엄격히 다루는 이들은 "좋은 하루(를) 보내십시오"라고 해야 올바른 표현이라고 지적합니다.

그런데 "좋은 하루 되세요"를 사람 사이의 관계 관점에서 보면 이야기가 달라집니다. 이 말은 대답을 기대하는 말이 아닙니다. 무언가를 정확히 전달하려는 말도 아닙니다. 친교적 기능을 수행하는 상투어에 해당하지요. 우리는 일상에서 이런 말을 수없이 주고받습니다.

- 나중에 연락할게.
- 언제 밥 한번 먹자.
- 다음에 한번 보자.

모두 '예의상 멘트'라 할 수 있습니다. 꼭 실현되길 바라는 의도는 없는 거죠. 이런 말은 사회적으로 중요한 기능을 하는데, 바로 대인관계를 부드럽게 유지해주는 것입니다. 상투어는 이 친교적 기능이 극대화된 것이지요.

이런 말들은 굳이 의미나 어법을 따지지 않는 경우가 많습니다. "건강하세요"도 그렇습니다. '건강하다'는 형용사라 '건강하거라, 건강하자'라고 명령형이나 청유형으로 쓸 수 없지만 실생활에서는 흔히 사용됩니다.

즉 문법에 어긋나지만 현실적인 용법입니다. "좋은 하루 되세요"도 상대에게 '좋은 하루가 되길 바란다'라는 일종의 주문이나 기원이라고 할 수 있습니다. 그런 면에서 보자면, 이렇게 쓴다고 해서 큰 문제가 되지는 않을 겁니다.

또 하나 생각해볼 점은 "좋은 하루 보내세요"는 어법에는 맞지만 다소 정색하고 말하는 느낌을 줄 수 있다는 점입니다. 그래서 규범에는 벗어나지만 "좋은 하루 되세요"를 쓰는지도 모릅니다. 다만 그 표현이 현재의 어법에는 어긋난다는 사실은 알아둘 필요가 있습니다.

말이 먼저일까, 문법이 먼저일까?

'좋은 아침'이 영어를 옮긴 표현이라는 지적도 극복해야 할 과제입니다. 2011년에 국립국어원이 내놓은 〈표준언어예절〉에서는 '좋은 아침'이라는 인사말도 영어를 직역한 것이라 바람직하지 않다고 보았습니다. 하지만 말이 먼저 생기고 나서 문법이 나오는 것이지, 문법이 먼저 있어서 말을 맞추는 게 아니지요. 압도적인 다수가 "좋은 하루 되세요"를 쓴다면 언젠가는 그게 문법이 될 수도 있을 겁니다.

어느 쪽이든 일상적인 대화에서 쓰는 말을 인위적인 문법의 틀에 가둘 필요는 없습니다. 시간이 걸립니다. 자유로운 '언어의 시장'에서 사람들이 무엇을 선택할지 지켜볼 일입니다.

누군가 "좋은 하루 되세요"라고 했을 때 틀렸다고 정색하거나 한국어도 모르냐고 깎아내릴 필요는 없습니다. 문법에 어긋나지만 상투적으로 쓰는 인사말이니까요.

다만 내가 쓸 때는 전후 사정을 알고 쓰는 편이 좋습니다. 상대나 상황에 따라 문법에 맞게 써야 하는 경우도 있기 때문입니다.

⁉️ **키포인트**

✔ "좋은 하루 되세요"는 문법적으로는 어긋나는 표현

✔ 공식적인 자리에서는 "좋은 하루 보내세요"가 무난

헷갈리는 명령형, 상황별 사용법

'마라/말아라/말라' 구분하기

누구나 한 번쯤 들어봤을 법한 노래가 있습니다. 가수 이승철이 발표해 폭발적인 인기를 끌었고 여러 가수가 리메이크해 불렀지요. 그 노랫말 가운데 이런 구절이 있습니다.

- 어리다고 놀리지 말아요~ 수줍어서 말도 못하고~

  어리다고 놀리지 말아요~ 스쳐가는 얘기뿐일 걸~

익숙한 가사라 무심코 따라 부르게 됩니다. 하지만 우리 어법의 기준에서 보면 짚어볼 대목이 있습니다. 여기 보이는 '말아요'

는 과연 맞는 표현일까요? 결론부터 말하면 지금은 맞는 표현입니다. '지금은'이라고 한 까닭은 2015년 말까지는 틀린 말로 규정되었기 때문입니다.

'말아요'는 기본형 '말다'에 '-아요(어요)'가 붙은 말입니다. 이런 경우, 기본형의 끝 받침 'ㄹ'은 그대로 유지되는 게 원칙입니다. 그런데 이 '말다'는 관행적으로 'ㄹ'이 탈락한 형태로 쓰여왔습니다. 실제 언어생활에서 사람들이 'ㄹ' 소리를 빼고 말하는 경우가 많았기 때문입니다. 다시 말해 실제 발음이 오래 굳어지면서 그 사용을 인정한 것입니다.

한글 맞춤법에 따르면 이처럼 'ㄹ'이 줄어든 형태가 굳어진 경우에는 사람들이 써온 대로 적도록 하고 있습니다. 그 결과 오랫동안 '말아요'가 아니라 '마요'만 맞는 표현이었습니다. '놀리지 말아요'는 틀린 말이고 '놀리지 마요'가 맞는 말이었지요.

그런데 현실에서는 '말아요'를 워낙 많이 써왔습니다. 결국 2015년 12월, 국립국어원은 이 표현도 표준형으로 인정했습니다. 지금은 '말아요'와 '마요' 모두 맞는 표기입니다.

'마라/말아라/말라' 명령형 삼총사 정복하기

'말다'에 '-아(라)'가 붙는 경우도 마찬가지입니다.

- 약속 시간에 늦지 마라.

- 약속 시간에 늦지 말아라.

- 약속 시간에 늦지 말라.

세 가지 표현 가운데 무엇이 맞을까요? 셋 다 맞습니다. 다만 상황에 맞춰 구별해 쓸 필요가 있습니다.

'마라'와 '말아라'가 상대에게 직접 말을 건네는 직접명령형이라면, '말라'는 글에서 원칙이나 지침을 전달할 때 쓰는 간접명령형입니다. 신문 기사나 공지문, 시험 문제처럼 불특정 다수에게 말할 때 이런 간접명령형을 씁니다.

간접명령형은 말의 뿌리에 바로 '-라'를 붙여 표현합니다. '보고서를 만들라/분산 투자하라/다주택을 팔라'처럼 쓰지요. 이렇게 보면 '마라/말아라/말라'는 어디에서 누구에게 쓰느냐에 따라 달라지는 표현입니다.

말의 기준은 문법을 통해서만이 아니라 실생활 속에서도 만들어집니다. 그래서 맞고 틀림을 따지기보다 상황에 맞는 표현을 고르는 감각을 기르는 것이 중요합니다.

	말하는 대상	쓰이는 맥락	사용 목적
마라	앞에 있는 상대에게 직접	즉각 행동을 멈추게 할 때 (좀 더 구어체적)	짧은 제지
말아라	앞에 있는 상대에게 직접	주의를 주거나 단호히 말할 때	강조, 경고
말라	불특정 다수	글, 공지문, 시험 문제	원칙, 지침 전달

양해는 '드리는' 게 아니라 '구하는' 것

틀리기 쉬운 높임말

공식 브리핑 자리에서는 말 한마디가 곧 입장이 됩니다. 짧은 발표문이라도 그 안에는 조직의 판단과 태도가 담깁니다. 마이크 앞에서 차분하게 읽어 내려가는 문장 하나하나가 곧 기록으로 남기도 하고요.

다음은 그런 자리에서 나온 발표문 가운데 한 대목입니다.

- 재판 결과 혹은 법관의 인사 문제는 삼권분립을 훼손할 소지가 있어 청원 답변에 한계가 있다는 점 거듭 <u>양해 말씀드리면서</u> 답변 마치겠습니다. 고맙습니다.

겉으로 보면 공손한 표현입니다. 그러나 이 문장에는 이치에 맞지 않아 어색하게 느껴지는 부분이 하나 있습니다.

바로 '양해 말씀드리면서'입니다. '양해'는 남의 사정을 잘 헤아려 너그럽게 받아들이는 것을 말합니다. 누군가 이 말을 썼다면 말하는 사람이 상대방의 사정을 받아들이겠다는 뜻이 됩니다. 예문의 '양해 말씀드리다'는 정부가 국민에게 말하는 상황입니다. 국민이 양해할 일을 정부가 하고 있으니 주객이 전도된 셈이지요.

남을 높일 때도
나를 낮출 때도 쓰는 말, '말씀'

다음으로 '말씀'과 '드리다'의 쓰임을 살펴보겠습니다. "선생님께서 말씀하셨습니다"라고 하면 이는 말하는 주인공을 높인 경우입니다(주체존대). "제 말씀은 그런 뜻이 아닙니다"는 자기 말을 낮춰 듣는 사람을 높인 경우입니다(상대존대). "철수야, 선생님한테 꼭 말씀드려라"는 말의 대상인 '선생님'을 높인 경우입니다(객체존대).

이처럼 주인공을 높이면 주체존대, 듣는 사람을 높이면 상대존대, 문장 안에 등장하는 제3자를 높이면 객체존대입니다.

그러면 '드리다'는 어떨까요?

- 철수가 동생 영희한테 저녁을 차려주었다.

- 철수가 영희한테 저녁을 차려주었습니다.

- 어머니께서 영희한테 저녁을 차려주셨다.

첫 번째 예문은 높낮이가 없는 중립적인 문장입니다. 두 번째 예문은 공손한 말투인 '-습니다'로 듣는 사람을 높였고(상대존대), 세 번째 예문은 (저녁을 차리는) 행위의 주체인 '어머니'를 높였습니다. '어머니께서'의 '께서'와 '차려주셨다'의 '-시'를 통해 동작의 주체를 높인 겁니다(주체존대).

'드리다'가 문제가 되는 이유

이제 문제가 되는 경우입니다. 다음 문장을 살펴보겠습니다.

- 철수가 어머니께 저녁을 차려드렸다.

여기서는 행위가 미치는 대상, 즉 '어머니'를 높이고 있습니다. 겸양을 나타내기 위해 '-에게' 대신 '-께'를 썼습니다. 그리고 '주다' 대신 '드리다'를 썼습니다. '드리다'는 상대가 아니라 제3자를 높일 때 쓰는 표현입니다(객체존대). 이렇게 상대가 아닌 다른 대상을 높이는 표현은 몇몇 동사를 통해서만 나타납니다. 예를 들면 이렇습니다.

- 묻다/말하다 → 여쭙다
- 보다/만나다 → 뵙다
- 데리고 → 모시고

이제 앞에서 살펴본 예문의 '양해 말씀드리다'가 틀린 이유를 분명히 알 수 있습니다. "양해 말씀드리다"라고 하면 '양해를 주겠다', 즉 말하는 사람이 상대를 이해해주겠다는 뜻이 됩니다. 하지만 실제로 의도하는 바는 그 반대입니다. 상대에게 이해해 달라고 요청하는 상황이지요. 그래서 이 표현은 논리에 맞지 않습니다.

사과의 뜻을 전하려면 "사과 말씀 드립니다"라고 해야 하고, 굳이 '양해'를 쓰고 싶다면 "양해를 바랍니다", "양해를 구합니다"라고 해야 맞습니다. 양해는 드리는 것이 아니라, 바라거나 구하는 것입니다.

존대어를 잘못 쓸 때 생기는 문제

"만 원이십니다", "말씀이 계시겠습니다", "양해 말씀드립니다"와 같은 표현은 모두 누구를 높여야 하는지 잘못 짚은 결과입니다.

"만 원입니다", "말씀이 있겠습니다", "양해 바랍니다"로 해야 맞습니다. 말의 논리성과 어법에 대한 무지에서 비롯되었을 것입니다. 더 심각한 것은 그것이 오류인지조차 모르고 그냥 습관적으로 쓰고 있다는 점입니다. 어떤 경우에는 몰라서라기보다 존대의 표현을 쓰지 않으면 무례해 보인다고 생각해서 존대어를 남용하기도 합니다.

우리는 말을 할 때 왕왕 언어의 논리성을 무시합니다. 이것은 지력의 문제로 연결되기 때문에 중요합니다. 논리적으로 말하고 쓸 때 합리적·과학적 사고 능력이 생기기 때문이지요. 반대로 합리적이고 과학적인 사람이 말을 비논리적으로 할 까닭이 없는 이치와 같습니다.

 **키포인트**

✔ **양해 말씀드립니다 (X)**

→ **양해 바랍니다 / 양해를 구합니다 (O)**

▶ 양해는 주는 것이 아니라, 상대에게 구하는 말

✔ **말씀이 계시겠습니다 (X)** → **말씀이 있겠습니다 (O)**

▶ '계시다'는 사람에게만 쓰는 말

✔ **만 원이십니다 (X)** → **만 원입니다 (O)**

▶ 물건이나 금액에는 높임말을 쓰지 않음

선거는 '대첩'이 아니고, 1등은 '석권'이 아니다

정확한 뜻을 모르고 쓰는 한자어

정치 뉴스에는 유난히 전투적인 말이 많이 등장합니다. 기사 제목만 보면 역사책의 한 장면을 보는 듯합니다. '격돌', '대전' 같은 표현은 물론이고, 때로는 '대첩'이라는 단어까지 등장합니다. 실제로 이런 제목을 심심치 않게 볼 수 있습니다.

- 대선 후보들 수도권 대첩에 참석
- TV 토론 주간에도 치열한 유세전… TK(대구·경북) 대첩
- 광주 대첩에 1만 명 몰려…

이런 표현들은 흘려 넘기기 십상이지만, 모두 틀린 말입니다. 먼저 '대첩'의 의미부터 살펴볼까요?

대첩은 '싸움에서 크게 이기는 것'을 뜻합니다. 이미 싸움이 끝나 승패가 갈린 상황에서 쓰는 말이지요. 다시 말해, 앞으로 벌어질 싸움이나 한창 진행 중인 상황을 가리키는 말이 아닙니다. 역사 수업 때 배우는 귀주대첩이니 한산도대첩이니 할 때의 그 대첩을 생각하면 됩니다. 사전에서는 대첩과 비슷한 말로 '대승'을 제시하고 있습니다.

우리 역사에는 '대첩'이 많습니다. 귀주대첩, 한산도대첩 외에도 행주대첩, 명량대첩, 살수대첩, 진주대첩, 청산리대첩 등이 유명합니다. 모두 크게 이긴 전투를 가리키는 말입니다. 이미 결과가 나온 상황이지요.

그러니 아직 선거운동이 한창인데 '대첩'이라고 하면 어리둥절할 수밖에 없습니다. 아마도 대첩이란 말을 '대전(大戰)' 정도로 알고 쓴 게 아닐까 싶습니다. '큰 싸움', '대전', '한판승부' 등 상황에 맞는 표현을 골라 쓰는 편이 좋습니다.

'석권'과 '등극', 1위라고 아무 데나 쓰지 말자

말의 뜻을 정확히 몰라 잘못 쓰는 사례는 이뿐만이 아닙니다.

어떤 한 분야에서 1위에 올랐을 때 '석권'이라는 말을 쓰는 경우가 있습니다.

- 홍길동 선수는 남자 개인전 단식을 <u>석권</u>한 데 이어…

'석권(席卷)'은 돗자리를 만다는 뜻으로, 빠른 기세로 영토를 휩쓸거나 세력 범위를 넓히는 상황을 이르는 말입니다.

- 세계 시장을 <u>석권</u>하다.
- 수영 전 종목 <u>석권</u>을 노리다.

이처럼 여러 대상을 한꺼번에 휩쓰는 경우에 석권이라는 말을 씁니다. 단일 경기에서 1등을 한 경우에는 어울리지 않습니다.

'등극(登極)'도 비슷한 오류에 빠지기 쉬운 말입니다. 본래는 임금의 자리에 오르는 것을 뜻했지만, 지금은 쓰임이 넓어져 어떤 분야에서 가장 높은 자리에 올랐을 때 주로 쓰입니다. '챔피언 등극', '국제대회 정상 등극' 같은 표현이 그 예입니다.

그러니 '○○○, 아이돌 차트 11주 연속 TOP 2 등극', '○○○ 그룹, 시총 기준 재계 서열 5위 등극'은 잘못된 표현입니다. 단어의 의미를 잘못 알고 쓴 것이지요. 또한 글을 쓸 때 흔히 저지르는 실수 중 하나인 과장어법이기도 합니다.

사회가 발전할수록 세상사를 설명하는 개념도 복잡다단하

게 분화합니다. 이에 따라 말도 더 섬세하고 정교하게 사용할
필요가 있습니다.

 **키포인트**

✔ **대첩: 싸움이 끝난 뒤 크게 이긴 일**

▶ 수도권 대전, 수도권 격전 (O)

▶ 요리 대첩에 참여 (X)

✔ **석권: 여러 대상을 한꺼번에 휩쓺**

▶ 전 종목 석권, 전 부문 석권 (O)

▶ 개인전 단식 석권 (X)

✔ **등극: 최고 자리나 정상에 오름**

▶ 챔피언 등극, 정상 등극 (O)

▶ TOP 2 등극, 5위권 등극 (X)

내가 하는 말 vs 상대가 하는 말

관점에 따라 달라지는 표현

"오늘은 분리수거 하는 날이야"라고 말하는 사람이 많습니다. 아파트 안내 방송이나 게시판에서도 "분리수거 잘해주세요"라는 말을 흔히 접하곤 하지요.

하지만 이 표현은 우리가 실제로 한 일을 정확히 설명하지 못합니다. '분리수거'라는 말이 가리키는 행위와 우리가 한 일이 다르기 때문입니다. '수거'는 '거두어 감'을 뜻하는 단어입니다. 우리는 쓰레기를 분리해 버릴 뿐 거두어 가지 않습니다.

이렇듯 쓰레기를 버리는 일과 버려진 쓰레기를 거두어 가는 일은 엄연히 다른 것인데, 일상에서는 이를 구별하지 않고 뭉뚱

그려 말하는 경우가 많습니다. 이 구분을 분명히 드러내는 말이 바로 '분리배출'입니다.

'분리배출'이라는 말이 《표준국어대사전》에 실린 것은 2017년입니다. '쓰레기 따위를 종류별로 나누어서 버림'이라는 뜻입니다. 용례는 다음과 같습니다.

- 건설 폐기물 분리배출
- 음식물 쓰레기 분리배출
- 재활용품 분리배출 요령

그동안 이 말이 없었던 것은 아닙니다. 다만 우리에게 좀 더 익숙한 표현은 '분리수거'였습니다. 이 말에 밀려 분리배출은 제대로 쓰이지 못했습니다. 가령 아파트 주민이 무심코 "일주일 동안 미뤄놨던 쓰레기 분리수거를 오늘 아침 한목에 다했다"라고 말하는 경우가 그렇습니다.

분리수거는 종류별로 나누어서 버린 쓰레기 따위를 거두어 가는 것을 뜻합니다. 이 일은 전문 업체가 합니다. 반면 주민이 하는 일은 쓰레기를 나누어 버리는 것, 즉 '분리배출'입니다. 따라서 쓰레기를 버리는 사람은 '분리수거'가 아니라 '분리배출'이라고 해야 맞습니다.

누가 하느냐에 따라 달라져야 할 표현

분리수거가 분리배출보다 더 널리 알려지게 된 데는 사연이 있습니다. 서울시는 1991년부터 쓰레기 분리배출제를 본격적으로 시행했는데, 이때 '쓰레기 분리수거제'라는 명칭을 사용했습니다. 행정을 맡은 쪽의 관점에서는 맞는 말이었습니다. 이른바 '공급자 용어'에 해당합니다. 이 이름이 굳어져 널리 퍼졌고 다들 자연스럽게 받아들였습니다. 1999년엔 국립국어원이 《표준국어대사전》에 '분리수거'를 표제어로 실으면서 이 말은 공식적으로 자리 잡았습니다.

- 쓰레기 분리수거
- 분리수거를 실시하다.
- 쓰레기 감량과 재활용을 위해 분리수거를 제도화해야 한다.

제도는 성공적으로 정착했지만 실제 언어 사용에서는 혼란이 생겼습니다. 주민은 쓰레기를 '배출'하고, 업체는 그것을 '수거'합니다. 이렇듯 주체에 따라 표현이 달라져야 하는데 이 구분이 모호해진 겁니다. 애초에 도입할 때 주민의 관점이 아니라 정부 관점에서 용어를 공지해 잘못 굳어지는 빌미가 되었습니다. 그랬던 것을 국립국어원이 2017년에 '분리배출'이라는 표제어를 추가했습니다. 뒤늦게나마 주민 관점에서 올바로 쓰게 할 근거를 마런한 셈입니다. 하지만 한 번 잘못 굳은 말은 쉽게 바뀌지 않아, 아직도 '분리수거'로 두루뭉술하게 쓰이고 있습니다.

내는 사람은 '제출', 받는 사람은 '접수'

이처럼 누가 하는 행동인가에 따라 가려 써야 할 말을 무심코 섞어 쓰는 경우가 많습니다. '접수(接受)하다'도 그중 하나입니다.

- 우리 회사는 신입 사원 원서 접수를 이메일로 합니다.
- A 회사에서 신입 사원을 뽑는데, 입사 원서는 이메일로 접수하면 된대.

첫 번째 문장은 맞지만, 두 번째 문장은 틀렸습니다. '접수'는 말 그대로 '받는다'는 뜻이므로, 그 주체는 반드시 받는 쪽이어야 합니다. 가령 정부 주최 행사라면 지원 서류를 정부에서 접수하는 것입니다. 지원자는 접수하는 게 아니라 '제출'하는 것이고요. 마찬가지로 입사 원서는 회사에서 '접수'하고, 응시자는 그것을 '제출'합니다.

연말이 되면 대학 입시 기사에서 "학생들이 지원서를 접수하려 막판까지 눈치작전을 폈다" 같은 표현을 자주 보게 됩니다. 이 역시 틀린 표현입니다. 입학 원서는 대학이 '접수'하는 것이고, 학생은 '제출'하는 것입니다. 문맥에 따라 '제출하다' 말고도 '-을 내다/신청하다/응모하다' 같은 말로 다양하게 바꿔 쓸 수 있습니다.

판단의 기준은 '누구의 관점에서 말하는가'입니다. 관점에 따라 표현이 달라지기 때문입니다.

✔ 내가 하면: '배출', '제출', '신청'

✔ 상대가 하면: '수거', '접수'

설날엔
어떤 덕담이 좋을까

절문안과 덕담

설은 음력 1월 1일, 즉 정월 초하룻날을 명절로 부르는 이름입니다. 우리나라는 전통적으로 '섣달그믐' 밤 집 안 구석구석에 등불을 환하게 밝히고 밤을 새우는 풍습이 있었습니다.

섣달그믐 다음 날이 새해 첫날, 곧 설입니다. 이처럼 밤을 새워 새해를 맞이하는 풍습을 '수세(守歲)'라고 하며 순우리말로는 '해지킴'입니다.

설날 아침에는 떡국을 먹고 웃어른께 문안 인사를 다니지요. 이를 '절인사'(절을 하여 드리는 인사)라고 하는데, 설에 드리는 절을 '세배'라고 합니다. 이때 아랫사람은 '절문안'(절을 하면서 웃어른께 안부를 여쭘)을 하고, 웃어른은 '덕담'을 건넵니다.

예전에는 절문안으로 "과세 안녕하십니까", "만수무강하십시오"라고 했습니다. 요즘은 이런 격식 있는 말보다는 "새해 복 많이 받으세요", "건강하십시오" 정도가 무난할 것 같습니다.

'과세', 세금이 아니라
설을 잘 보내셨냐는 옛말

다만 '과세'는 한자어라서 그런지 젊은 층에서 다소 낯설어하는데, 설을 나타내는 대표적인 말이라 알아둘 만합니다. '지날 과(過), 해 세(歲)' 자로, '해를 보내다'라는 뜻입니다. 이를 우리는 '설을 쉰다'고 하지요. '쇠다'란 '기념일 같은 날을 맞이해 지내다'라는 의미입니다.

- 설이나 추석 같은 명절을 <u>쇠다</u>.
- 환갑을 <u>쇠다</u>.
- 생일을 <u>쇠다</u>.

따라서 "과세 안녕하십니까"는 '설을 잘 쇠셨습니까'라는 뜻이 됩니다. 한자에 익숙하지 않은 사람은 '과세'라고 하면 자칫 '세금을 매긴다'는 과세(課稅)를 떠올릴지 모르겠습니다. 새해 첫

날을 양력과 음력 두 차례에 걸쳐 쉰다는 뜻에서 '이중과세(二重過歲)'라는 말도 생겼는데, 이 역시 세금을 이중으로 물린다는 뜻의 '이중과세(二重課稅)'로 착각할 듯하네요. 모두 우리말 어휘이니 함께 알아두는 게 좋습니다.

좋은 덕담은 마음을 먼저 살피는 말

절문안이든 덕담이든 중요한 건 말하는 이의 마음과 듣는 이의 상황입니다. 좋은 뜻으로 한 말이라도 상대방에게 부담이나 불편함을 줄 수 있다면 조심하는 편이 낫습니다.

예를 들어 초고령 사회로 접어든 요즘 "만수무강하십시오"나 "오래오래 사세요" 같은 말은 의도와는 달리 어른에게 서글픔을 줄 수도 있으니 안 쓰는 게 좋습니다. 마찬가지로 손아랫사람에게 건네는 "올해는 장가가야지"라는 말도 잔소리처럼 들릴 수 있으므로 삼가는 것이 좋겠지요.

구한말의 사학자이자 문인인 육당 최남선의 덕담 풀이를 음미해볼 만합니다. 같은 말이라도 전하는 맛이 다릅니다. 그는 《조선상식: 풍속 편》에서 새해 덕담은 '그렇게 되라'고 바라는 것이 아니라 '벌써 그렇게 되었으니 고맙다'라고 축하하는 것이라고 했습니다. 이미 이루어진 일처럼 말함으로써 그렇게 되기를 바라는 마음을 담은 거지요. 이를테면 "올해엔 돈 많이 벌었다지요?", "새해엔 장가갔다지?" 하는 식입니다. 미래형으로 말하는 요즘의 덕담과는 많이 다르지요?

'말이 씨가 된다'는 속담이 있는데, 덕담이란 바로 그런 말입니다. 우리 조상들은 말의 예언적 효과를 알고 있었기에 바라는 바를 그렇게 덕담에 담아 건넸던 것이지요. 이제 설에는 상대방의 삶을 조심스럽게 응원하는 말, 그 마음이 전해지는 덕담을 건네보면 어떨까요?

키포인트

- ✔ 덕담을 할 땐 상대방의 형편부터 살피기

- ✔ 좋은 뜻이라도 상대에게 부담이 되면 삼가기

- ✔ 새해 인사는 바람보다 따뜻한 축하로

같은 사람도 관점이 바뀌면 표현이 달라진다

'고객'과 '손님'의 차이

글쓰기에서 중요한 것은 누구의 관점에서 말하는가입니다. 같은 대상을 두고도 관점에 따라 표현이 달라지기 때문입니다. 대표적인 사례가 바로 '고객'과 '손님'입니다.

그럼 '고객'과 '손님'의 차이를 살펴볼까요? '고객'은 누구나 익숙하게 쓰는 말이지만, 실제로는 관점에 대한 고려 없이 남용되는 경향이 있습니다. 요즘 '고객'은 보통 두 가지로 쓰입니다.

① 상점, 식당, 은행 따위에서 물건을 사거나 서비스를 받는 사람
② 단골로 오는 손님

특히 ②의 의미로 쓸 때 '고객'이라는 말이 잘 어울립니다. 즉 고객은 판매자 관점에서 쓰는 말입니다. 판매자 입장에서는 모두 '고객'이겠지만, 그렇지 않은 경우에는 이 말을 쓸 필요가 없습니다. 이런 경우라면 '고객'보다 '손님'이 중립적이고 정확한 표현입니다. 또는 '소비자'나 '방문객' 등 내용에 따라 적절한 말을 골라 쓸 수 있습니다. 그것이 글쓰기에서 '객관적 표현'을 구현하는 좋은 방법입니다.

스쳐가는 '손님', 다시 찾아오길 바라는 '고객'

문세영은 우리나라 최초의 국어사전인 《조선어사전》에서 '고객(顧客)'을 '단골손님'으로 풀이했습니다. '객(客)'은 '찾아온 사람', '물건을 사는 사람'을 가리키며, 순우리말로 '손'과 같다고 했습니다. 손을 높인 말이 '손님'입니다.

그렇게 보면 '손'은 '객'이고 이를 높인 '손님'이 곧 '고객'인 셈입니다. 그중에서도 '단골손님'이 '고객'의 개념에 가깝습니다(요즘에는 '고객'의 의미가 넓어져 물건을 사는 사람뿐 아니라 은행이나 공공시설 서비스를 이용하는 사람에게도 붙이곤 합니다).

'고객'이 가치가 담긴 말이라는 점은 한자를 떠올리면 금세 이해할 수 있습니다. '돌아볼 고(顧)' 자는 집의 문지방(戶) 위로 제

비가 날아드는 모습을 본뜬 글자입니다. 해마다 다시 찾아오는 제비처럼, 사람이나 생각을 되돌아본다는 뜻이 담겨 있습니다. 그래서 '고(顧)'에는 '다시 오다', '소중히 여기다'라는 의미가 있습니다. 그러니 기업이나 기관의 입장에서 '고객'은 한 번 스쳐가는 대상이 아니라, 다시 찾아오기를 기대하며 관심을 갖고 관리해야 할 존재가 됩니다. 기업 관점에서 보면 손님은 다 '고객'이라고 할 수 있습니다.

이에 비해 제삼자 관점, 즉 객관적 관점에서는 '손님/소비자/가입자/예금자/방문객/시민/주민' 등을 상황에 맞게 골라 쓰는 편이 바람직합니다. '고객'과 '손님'의 차이는 바로 이 관점의 차이에서 생깁니다. 이제 실전에 응용해보겠습니다.

- 금융감독원은 이번 금리 인하로 전체 예금 고객의 이자 수입이 연간 1조 6800억 원 줄어들 것으로 분석했다.

여기서 '예금 고객'은 은행의 관점이 반영된 표현입니다. 객관적으로 표현하려면 '예금 가입자' 정도가 적절합니다.

- 담보인정비율(LTV), 총부채상환비율(DTI) 규제 완화가 시행된 1일 서울 여의도 ○○은행 영업점에서 한 고객이 대출 상담을 하고 있다.

이 문장에서도 '한 고객'은 은행의 관점에서 하는 말입니다.

불특정 다수의 일반인 또는 은행 이용객을 가리키는 객관적 표현으로는 적절치 않습니다. '한 시민' 또는 '한 이용객' 정도가 중립적인 말입니다.

키포인트

✔ **고객: 공급자·기관이 가치를 두고 관리하는 대상**

▶ 기업·판매자 중심

▶ 기업·기관이 자기 입장을 말할 때

▶ 예: 은행은 고객 보호를 강화했다

✔ **손님: 찾아온 사람을 두루 가리키는 중립적 표현**

▶ 제삼자·객관적 시선

▶ 기사·설명문 등에서 제삼자가 상황을 전할 때

▶ 예: 식당에 손님이 몰렸다

빌려주는 것도 대출,
빌리는 것도 대출?

'하다'와 '받다', 올바른 주체 찾기

'처방하다'와 '처방받다'는 쓰임이 분명히 다른 말입니다. 군이 설명하지 않아도 한국인이라면 대부분 자연스럽게 구별해 씁니다. 의사는 약을 처방하고, 환자는 그 처방을 받습니다.

그런데 막상 글을 쓸 때는 이를 혼동하는 경우가 종종 있습니다. 문장에서 누가 행위의 주체인지를 놓치면 '처방하다'를 쓸 자리에 '처방받다'를, '처방받다'를 쓸 자리에 '처방하다'를 쓰기 쉽습니다. 의사가 주체일 때는 '처방하다'가 맞고, 환자가 주체일 때는 '처방받다'가 맞습니다.

이처럼 주체가 직접 하는 일인지, 아니면 남이 가하는 행동을 당하는 입장인지를 구분하지 않으면 표현이 어색해집니다. 이렇 듯 행위의 주체를 놓쳐서 잘못 쓰기 쉬운 예는 많습니다. 다음 문장들을 살펴보겠습니다.

- 의사는 수술을 한다. / 환자는 수술을 받는다.
- 교사는 학생을 지도한다. / 학생은 지도를 받는다.
- 회사는 직원을 해고한다. / 직원은 해고를 당한다.

사실 이런 구별은 어려운 일이 아닙니다. 쓰기 전에 상황을 그려보고 누가 행위를 가하는 쪽인지, 아니면 그 행위를 당하는 쪽인지만 분명히 하면 됩니다. 이런 구별이 중요한 이유는, 일상에서 자주 쓰는 말 가운데 경계가 점점 흐려지고 있는 단어가 많기 때문입니다.

건물주는 '임대료'를 받고, 세입자는 '임차료'를 낸다

다음 문구를 보겠습니다.

- 영세 소상공인을 위한 임대료 및 난방비 지원

이 문구에서 잘못된 곳은 어디일까요? 바로 '임대료(賃貸料)'입니다. 임대료는 남에게 물건이나 건물 따위를 빌려준 대가로 받는 돈입니다. 즉 물건이나 건물 주인이 받는 돈을 말합니다. 건물주가 임대료를 받는다면 소상공인은 '임차료'를 냅니다. '임차료(賃借料)'는 남의 물건을 빌려 쓰는 대가로 내는 돈입니다.

'임대'와 '임차'는 명백히 다른 말입니다. 임대의 '대(貸)'가 빌려준다는 뜻이고, 임차의 '차(借)'가 (남에게) 빌리거나 꾼다는 뜻입니다. 즉 '임대'는 빌려주는 쪽이고, '임차'는 빌리는 쪽입니다. 이 둘을 구별하지 않고 두루 '임대'로 쓰는 경향이 있는데, 주의해야 합니다. 동네 상가 입구에 점포를 내놓으면서 '임대인 구함'이라는 안내문을 써붙인다면 잘못된 것이지요. '임차인 구함'이라고 해야 옳은 말입니다.

마찬가지로 사무실을 월세로 빌려 쓰는 사람이 '사무실을 임대해 쓰고 있다'고 말하는 것도 잘못입니다. 또 '임대료 체납'이라는 표현도 맞지 않습니다. '임대료'는 체납할 수 없습니다. '임차료'를 체납할 수 있을 뿐입니다.

'대출'과 '차입', 누가 빌리고 누가 빌려주나

'대출'과 '차입'도 의미가 다른 말입니다. 하지만 요즘 두 말을 구별 없이 섞어 쓰는 경향이 있다는 점에서 같은 오류가 자주 나옵니다. 아니, 사실은 더 나쁜 경우라 할 만합니다. 말의 용법을 불안정하게 만들어 우리말의 정교함을 훼손할 우려가 있다는 점에서 그렇습니다.

누구나 알듯이 '대출'은 '돈이나 물건 등을 빌려주는 것'을 말합니다. 《금성판 국어대사전》을 비롯해 《표준국어대사전》에서도 그렇게 풀던 말입니다.

그런데 이후 《표준국어대사전》 웹사전은 대출의 풀이를 '돈이나 물건 따위를 빌려주거나 빌림'으로 바꿨습니다. 종이사전 때는 '빌려주는 것'으로 풀었으나 이후 웹사전을 내면서 '빌리는 것'을 추가한 것입니다. 따라서 이제 빌려주는 것도 대출이고, 빌리는 것도 대출로 통하게 되었습니다. 예전엔 돈이나 물건을 빌리는 것은 '차입'이라고 했습니다. 이제는 '대출'이 '차입'의 의미까지 다 먹은 셈이지요. 그러니 은행도 대출자이고, 돈을 꿔가는 사람도 대출자입니다.

말을 정교하고 이치에 맞게 써야 하는데 우리말의 그런 점이 자꾸 훼손되어가는 것 같아 안타깝습니다. 정교하게 의미가 구별되던 말이 점점 단순해지면 풍부한 표현이 사라지고 언어가 빈곤해지니 우리의 노력이 필요합니다.

✔ **하다: 직접 행동할 때**
  ▶ 예: 의사가 처방하다

✔ **받다: 남에게 행동을 당할 때**
  ▶ 예: 환자가 처방받다

✔ **임대료 : 빌려준 쪽이 받는 돈**
  ▶ 예: 주인이 임대료를 받다

✔ **임차료 : 빌린 쪽이 내는 돈**
  ▶ 예: 세입자가 임차료를 내다

왜 자신이 한 일에
'시키다'를 쓰는가

'시키다'의 오남용

신문이나 방송의 뉴스를 보다 보면 익숙하지만 어딘가 걸리는 표현들이 종종 등장합니다. 딱히 잘못된 점이 없는 것처럼 보이지만, 뜻을 따져보면 고개를 갸웃하게 만드는 말들이지요.

다음은 2025년 사회적 이슈로 주목받은 두 사건을 각각 전한 보도 가운데 한 대목입니다.

- ○○○ 원내대표는 13일 대장동 항소 포기를 둘러싼 검찰 내부 반발과 관련해 '정치 검사들의 특권을 보장하는 제도부터 폐지시키거나 과감히 뜯어고치겠다'고 밝혔다.

- 산업 현장 혼란이 커질 것이란 경영계 우려에도 정부 여당은 개의치 않고 노란봉투법을 <u>입법화시켜</u> 내년 3월 시행을 앞두고 있다.

두 문장에는 우리가 일상에서 자주 쓰는 표현이 공통적으로 들어 있습니다. '폐지시키거나'와 '입법화시켜'입니다. 바른 표현은 '폐지하거나', '입법화해'입니다.

'시키다'는 언제 쓰는 말일까

'시키다'는 남에게 어떤 일을 하게 만들 때 쓰는 말입니다. 하지만 예문에서는 말하는 주체가 그 일을 직접 하겠다는 뜻을 밝히고 있습니다. 누군가에게 시키는 상황이 아닙니다. 그러니 굳이 '시키다'를 붙일 이유가 없습니다.

'시키다'가 어울리는 경우는 분명합니다. 주체가 직접 행동하면 '-하다'형으로 말하고, 다른 사람에게 맡기거나 하게 만들면 '시키다'를 쓰면 됩니다.

이 구분이 흐려지면 말의 뜻도 흐려집니다. 예를 들어 '(상품을) 개발시키다'라고 하면, '누군가에게 시켜 개발하게 하다'라는 뜻입니다. 하지만 실제로는 주체가 직접 개발한 경우가 대부분입니다. 이럴 때는 '개발하다'가 맞습니다. '주차시키다', '소화시키다', '입금시키다' 등은 일상에서 흔히 쓰는 오류 사례입니다. 자신이 주차하고 와서는 "주차시키느라 시간이 많이 걸렸다"라고 합니다. 이는 '다른 사람에게 시켜 주차했다'라는 뜻이 됩니다. '주차하느라'가 바른 표현입니다.

흔히 음식을 먹고 "소화시킨다"라고 하지만, 누구에게 시켜 소화하게 하는 것이 아니므로 이 역시 잘못된 표현입니다. "소화한다"라고 해야 하지요. 이 말은 의미가 확대되어 다양한 상황에서 쓰이는데, 가령 "그는 어려운 과제를 무난하게 소화시켰다"라고 할 때도 마찬가지입니다. "소화했다"라고 해야 바른 말입니다. 돈을 부치기로 했는데 아직 못했을 경우 "돈을 입금시키지 못했다"라고 합니다. 이는 '누군가를 시켜 입금해야 하는데 아직 못했다'는 뜻이 됩니다. '입금하지 못했다'가 맞습니다. "새로 완성시킨 제품을 시장에 내놓았다"라고 하면 '누군가에게 시켜 완성하게 한 제품'이라는 뜻입니다.

이처럼 '-시키다'의 남용과 오용은 우리 주변에서 너무나 흔합니다. 이를 무심코 반복하는 것은 우리말을 정확하게 쓰려는 태도가 아닙니다.

말의 논리를 지키는 기본

그렇다고 해서 '시키다'를 무조건 피해야 하는 것은 아닙니다. 오히려 이 말을 꼭 써야 하는 경우도 있습니다. 내가 직접 한 일인지 다른 사람에게 시켜 한 일인지 구별해 표현할 필요가 있습니다. 다음 문장을 보겠습니다.

- 국가인권위원회는 ○○당이 강행 처리를 예고한 '언론중재법' 개정안에 대해 '언론자유를 위축할 우려가 있다'며 법안 수정을 요구했다.

여기서 어색한 부분은 '언론자유를 위축할'입니다. 이 표현은 언론자유가 저절로 줄어드는 듯한 인상을 줍니다. 하지만 문맥을 보면 해당 법안이 언론자유를 그렇게 되게 만들 수 있다는 의미입니다. 이런 경우에는 '언론자유를 위축시킬 우려'라고 해야 뜻이 분명해집니다.

이처럼 어떤 말은 주체가 직접 하는 행동을 나타내기에 충분하고, 어떤 말은 그 결과를 일으키는 상황을 드러내야 의미가 살아납니다. 이를 구별하지 않으면 말의 구조가 느슨해집니다.

말은 생각을 담는 그릇입니다. 누가 직접 했는지, 아니면 누군가에게 시켜 하게 한 것인지를 가려 쓰는 일은 사소해 보이지만 말의 논리를 지키는 기본입니다. 이런 구별이 쌓일수록 글이 정확해집니다.

✔ 폐지시키다 (X) ➜ 폐지하다 (O)

✔ 주차시키다 (X) ➜ 주차하다 (O)

✔ 소화시키다 (X) ➜ 소화하다 (O)

✔ 입금시키다 (X) ➜ 입금하다 (O)

감정을 흐리는 말버릇
'같다'의 남용

"경직된 플레이가 나오기도 했지만 선수들이 피곤한 몸을 이끌고 잘해준 것 같다." 2018년 아시안게임에서 선동열 야구 국가대표 감독이 우승한 뒤 한 말입니다. 선수들에게 우승의 공을 돌린 좋은 말인데 끝말이 자꾸 귀에 거슬립니다. 잘했으면 잘한 것이지 '잘한 것 같다'는 무슨 뜻일까요?

'벌집 쑤신 것 같다'라는 말이 있습니다. '살얼음판을 걷는 것 같다'느니 '호떡집에 불난 것 같다'라는 말도 많이 씁니다. 다 괜찮은 표현들입니다. 하지만 '엄청 좋은 것 같다'느니, '기쁜 것 같다', '슬픈 것 같다' 따위는 매우 어색한 표현입니다.

'같다'는 10여 가지 의미로 쓰입니다. 그중에서도 우리가 주목하는 것은 '-는 것', '-을 것' 뒤에 쓰여 추측, 불확실한 단정의 뜻을 나타내는 용법입니다. '사고가 난 것 같다/좋은 일이 생길 것 같다'처럼 쓰는 게 전형적인 용법입니다. 이 말은 또 '그렇게 느껴지는 바가 있음'을 나타내는 데도 쓰입니다. "날씨가 좋아 물고기가 잘 낚일 것 같아" 등이 그런 것입니다.

겸양이 아닌 잘못된 말버릇

이렇듯 '같다'는 확실치 않을 때, 자신 없을 때 쓰는 표현입니다. 그래서 입말이라도 공식적인 자리에서 쓰는 것은 바람직하지 않습니다. 수사학적으로는 완곡어법의 하나로 사용됩니다.

하지만 요즘 글쓰기에 보이는 '-인 것 같다/같아요' 표현은 그런 것과도 상관이 없습니다. 그저 잘못된 말투가 글에 반영된 것일 뿐입니다. '예쁜 것 같아요, 아픈 것 같아요, 화나는 것 같아요, 맛있는 것 같아요.' 느낌을 나타내는 감정어는 '같다'와 잘 어울리지 않습니다. 거기다 '너무'까지 곁들여 '너무 좋은 것 같다'라고도 합니다. 그렇게나 좋은데, 이어지는 말은 '-일 것 같다'고 하니 의미상으로도 호응하지 않습니다. 재미있으면 '재미있다'고 하면 그만입니다.

- 그는 "막상 국회의원이 되니 생각보다 훨씬 바쁜 것 같다"며 "꼼꼼히 일을 챙기려고 하면 할 게 무한대로 많아질 것 같다"고 말했다.

'같다'의 남용에는 이런 표현이 마치 겸양의 뜻을 담은 것으로 잘못 알려진 데도 원인이 있을 것입니다. 그러나 이 역시 무의식적으로 쓰는, 잘못된 말버릇에 불과합니다. 자신의 느낌, 생각을 말하는 것이니 분명하게 드러내는 게 좋습니다. '훨씬 바쁘다', '많아진다'고 해야 의미가 더 잘 전달됩니다.

남용을 넘어 오용되는 '같다'

이처럼 '같다'를 덧붙이다 보면 문장의 의미가 흐려집니다. 실제 글에서는 확실히 말해도 될 내용을 여러 겹의 추측 표현으로 감싸는 경우도 적지 않습니다. 다음 문장을 보겠습니다.

- 정부의 한 소식통은 "이 문제는 이달 열릴 남북 장성급 군사회담 의제로 논의될 수 있을 것 같다"고 밝혔다.

이 문장에 쓰인 '같다'가 왜 안 좋은지 구체적으로 살펴볼까요? '논의될 수 있을 것 같다'는 무려 네 번에 걸쳐 막연함을 드러낸 소극적 표현입니다. 우선 '논의하다'가 자신 없을 때 피동형인 '논의되다'로 바뀝니다. 주체를 드러내지 않음으로써 책임 소재에서 빠져나가는 효과가 있습니다. 이를 한 번 더 뒤로 뺀 게 '논의될 것'입니다. 어미 '-ㄹ'이 추측 등 확실하지 않은 내용임을 나타냅니다. 이것으로 충분히 유보적인 표현입니다. 거기에 '수 있을'까지 붙였으니 불확실성을 나타내는 표현이 차고 넘칠 정도입니다. 그것도 부족해 '같다'를 또 붙였습니다. 이쯤 되면 우리말을 비틀 대로 비틀어 쓴 꼴입니다.

'같다'를 꼭 써야 할 상황에서는 써야 합니다. 내용상 단정적으로 말하기가 어려울 때가 있습니다. 다만 무심코, 습관적으로 남발하는 것은 조심해야 합니다. '시간이 걸리다'가 확실치 않으면 '걸릴 것이다'라고 하면 됩니다. '걸릴 것 같다'는 남용이고, '걸릴 수 있을 것 같다'라고 하면 오용에 해당합니다.

키포인트

✔ 좋은 것 같다 (X) ➡ 좋다 (O)

✔ 될 수 있을 것 같다 (X) ➡ 할 수 있다/ 할 것이다 (O)

사과 없는 사과, '유감'의 정체

책임을 흐리는 표현 바로잡기

    뉴스나 공식 발표를 듣다 보면 다음과 같은 표현을 자주 접하게 됩니다. 주로 사고가 발생했을 때, 논란이 커졌을 때 혹은 누군가에게 상처를 준 일이 있었을 때 등장하는 말입니다.

- **상처받은 이들에게 유감의 뜻을 표합니다.**

일면 사과를 전하는 말처럼 들립니다. 하지만 정말 이 말이 사과일까요? 흔히 '유감'을 미안하다는 뜻으로 이해하지만, 이 단어의 본래 의미는 조금 다릅니다.

‘유감’의 정체는 의외로 잘 알려져 있지 않은 것 같습니다. 유감을 한자로 써보라고 하면 ‘有感’을 떠올리기 십상입니다. 하지만 이는 다른 말이고, 우리가 알고자 하는 유감은 ‘遺憾’으로 남길 유(遺), 섭섭할 감(憾)입니다. 즉 ‘마음에 차지 않아 섭섭하거나 불만스럽게 남아 있는 느낌’을 말합니다. 한마디로 ‘섭섭하다’ 또는 ‘언짢다’는 뜻입니다. “너, 나한테 유감 있냐?”라고 하면 ‘나한테 불만 있냐?’라는 뜻입니다.

그런데 언제부터인가 이 말에 사과의 의미를 담아 쓰는 경우가 늘었습니다. 유감의 감(憾)은 ‘대단히 강하게 느끼는(感) 감정(心)’이라는 뜻입니다. 기쁨보다는 한스럽고 분한 감정에 나타나는 느낌을 말합니다. 공통적 감정은 아쉬움, 억울함, 서운함, 불만족 등입니다. 그러니 잘못을 인정하고 용서를 구하는 표현으로 쓰기에는 적절치 않습니다.

외교 언어에서 시작된 ‘유감’의 변신

아마도 유감이라는 말이 가장 많이 쓰이는 경우는 외교관계에서일 것입니다.

1965년 한일협정 당시 일본 외상이 ‘양국 간에 있었던 불행한 관계에서 연유한 한국 국민의 대일 감정’에 유념하는 ‘유감의 뜻’을 표명한 적이 있습니다(《조선일보》 1965년 2월 23일자 사설). 이는 다소 후회하는 마음이 있다는 뜻입니다. 사태를 전향적으로 수습하려는 의도가 담긴 말로, 지금은 정치적 수사로 자리 잡았습니다.

한국에서도 언제부터인가 사과의 뜻을 우회적으로 표할 때 '유감'이라는 표현을 쓰기 시작했습니다. 사과인 듯 불만인 듯 상황에 따라 다르게 해석될 수 있는 다분히 외교적인 단어입니다.

하지만 일상어에서 유감은 사과의 의미로 쓸 수 없습니다. 유명인이나 지도층 인사들이 흔히 하듯, 곤혹스러운 상황에 처했을 때 쓰는 말이 아니라는 얘기입니다. 잘못한 것은 잘못했다고 말하고, 사과할 때는 사과한다고 분명히 말해야 합니다.

현실 언어에서 '유감'이 쓰이는 영역은 지나치게 넓습니다. '아쉽다, 안타깝다, 안쓰럽다, 서운하다, 섭섭하다, 언짢다, 불만스럽다' 등 섬세하게 구별해서 써야 하는데도 '유감'이라는 말로 뭉뚱그리는 것입니다. 심지어 '미안하다, 사과한다, 사죄한다, 죄송하다, 송구하다' 등 용서를 구하는 자리까지 차지합니다. 이 때문에 말의 뜻은 흐려지고 책임의 소재도 모호해집니다.

"유감입니다"는 사과일까

또 하나 짚어볼 점은 '-에 대해 유감이다'라는 표현입니다. 이는 (어떤) 실체를 모호하게 또는 완곡하게 비틀어 말하는 방식입니다. 가령 "상처를 줘 미안하다(죄송하다)"라고 해야 할 것을 "상처를 준 데 대해 유감이다"라고 말합니다. 말하려는 바가 무엇인지 불명확하지요?

사과할 때는 '무엇을 잘못했는지'가 드러나야 합니다. 이를 '-에 대해 유감이다'라고 하면 누가 무엇을 잘못했는지가 명확하게 드러나지 않습니다. '-에 대해(서)'라는 표현은 행위로부터 자신을 떨어뜨리는 방식입니다. 즉 자신이 행위의 주체임에도 불구하고 대상화하는 기법이지요.

- **감사의 마음을 전했다.**
- **사죄의 뜻을 표했다.**

신문 기사에서 흔히 볼 수 있는 이 문장들도 다 비슷한 유형의 말투입니다. 문어체인 데다 의례적이고 형식적입니다. 하물며 이를 마치 점잖고 격식 있는 표현인 양 여기는 이들도 있습니다. 그러나 이는 문장을 억지로 비틀어 쓰는, 잘못된 글쓰기 습관에서 비롯된 것입니다. 행위자의 의도를 직접적으로 전달하지 않고 완곡하게 돌려 말하는, 일종의 수사적 장치인 셈이지요. 정치·외교적 언사, 고위층의 발언 등에서 접하기 쉽다는 데서 이런 말법이 권위적 표현이라는 점을 알 수 있습니다.

고마운 것은 고맙다고 하고, 사죄할 것은 사죄한다고 말하는 게 자신의 마음을 가장 잘 전달하는 방법입니다.

- ✔ '유감'은 사과의 대용어가 아니라, 섭섭하거나 불만스럽다는 감정 상태를 드러내는 말

- ✔ 잘못을 인정할 땐 '유감입니다'가 아니라 '미안합니다'라고 해야 정확

'심심한 사과'에서 시작된 문해력 논란

문해력 위기의 실체

인터넷상에서 '심심한 사과'를 놓고 새삼 공방이 벌어졌던 적이 있습니다. 서울의 한 카페에서 올린 사과문 한 줄이 발단이 되었습니다. "다시 한번 심심한 사과 말씀 드립니다."

여기에 "난 하나도 안 심심해", "제대로 된 사과도 아니고 무슨 심심한 사과?" 같은 댓글이 달리면서 누리꾼 사이에 갑론을박이 이어졌습니다. 순우리말 '심심하다'(지루하고 재미없다)만 알고 한자어 '심심(甚深)하다'(마음의 표현이 깊고 간절하다)는 모르는 데서 온, 어찌 보면 해프닝 같은 일이었습니다.

이를 두고 '새삼'이라고 한 것은 이런 논란이 어제오늘의 얘기가 아니기 때문입니다. 주로 문해력(文解力)이라는 관점에서 우려의 목소리가 큽니다. 우리나라가 '세계적 발명품'인 한글 덕분에 문맹률은 낮아도 글을 읽고 이해하는 능력은 경제협력개발기구(OECD)의 평균에 미치지 못한다는 사실은 잘 알려져 있습니다. 심지어 '문해력'이라는 말을 정확히 아는 사람이 얼마나 될까요? 이 말은 현재 《표준국어대사전》에는 표제어로 올라 있지만 초판(1999) 때만 해도 없었습니다. 우리 입에 오르내린 지 얼마 되지 않았다는 뜻입니다.

문해력이란 무엇인가

문해력은 한마디로 '글을 읽고 쓰는 능력'을 말합니다. 하지만 한국에서는 대개 '글을 읽고 이해하는 능력'으로 받아들입니다. 사전에서도 그렇게 풀이하고 있습니다. 그러다 보니 문해력이 자칫 '읽는 능력'이 전부인 것으로 착각하기 십상입니다. 실제로 문해력을 얘기할 때 독해 수준을 따질 뿐 '쓰는 능력'은 간과합니다.

문해(文解), 즉 '글을 풀어내고 깨닫는다'는 것은 읽고 이해하는 데 그치는 게 아닙니다. 잘 쓰고 다듬는 것까지 아우르는 개념입니다. 커뮤니케이션의 관점에서 보면, 메시지 작성과 수신이 잘 어우러져 일치하는 상태를 말합니다. 발화자는 전하고자 하는 의미에 딱 들어맞게 메시지를 구성하고, 수신자는 이를

100퍼센트 해석해 온전하게 내용을 받아들입니다. 이럴 때 '커뮤니케이션 성공'이라고 합니다. 반대로 어느 한쪽이라도 문해력이 떨어져 오류가 생기면 '실패'를 초래합니다. 그런데 우리는 문해력을 말하면서 '쓰는 능력'(메시지 구성)보다 주로 '읽는 능력'(독해)에 초점을 맞춰왔습니다. 그동안 불거진 문해력 논란을 살펴보면 대개 그런 범주에 속합니다.

읽기만 잘해서는 안 되는 이유

어느 고등학교 수업시간에 교사가 영화 〈기생충〉의 가제(假題)를 설명하면서 '가제'의 뜻을 물어보자 "랍스터(가재) 아녜요?"라는 대답이 돌아왔다는 현실은 그 일단에 불과합니다. 역마살이 있어 여기저기 떠돌아다니는 주인공을 설명할 땐 "역마살은 어느 부위인가요?"라는 질문이 튀어나왔습니다. 설마 삼겹살과 역마살의 '살'이 같은 의미인 줄 안 것일까요?

몇 해 전 언론에서 광복절 휴일을 '사흘 연휴'라고 보도하자 일부 누리꾼 사이에서 "3일 쉬는데 왜 사흘이라고 하냐"는 반응이 나온 것도 같은 종류입니다. 고유어 '사흘'을 '4흘 → 4일'로 착각했던 겁니다. 한때 인터넷을 달궜던 '금일 공방'도 씁쓸한 여운을 남겼습니다. 한 대학에서 과제 제출일이 '금일까지'였는데 이를 금요일로 이해한 학생이 시한에 맞추지 못했다는 웃픈(?)

일화입니다. 금일(今日)은 순우리말로 하면 '오늘'입니다. 모두 어휘력의 빈곤을 드러내는 사례입니다.

하지만 어휘력 측면만 봐서는 문해력의 절반만 파악하는 데 지나지 않습니다. 애초 '가제'라고 하지 않고 '임시 제목'이라고 했으면 오해의 소지는 없었을 것입니다. '금일' 대신 '오늘'이라는 쉬운 말을 썼다면 의사소통도 매끄럽고 글도 더 편해지지 않았을까요? 마찬가지로 '심심한 사과'도 입말에선 거의 찾아보기 힘든 표현입니다. '깊은 사과'가 더 좋은 어휘입니다.

읽는 능력과 함께 메시지를 작성하는 능력은 문해력을 이해하는 양대 요소입니다. '읽기 쉽고, 알기 쉽게'라는 글쓰기 일반 원칙은 여기서 접점을 찾습니다. 그렇다고 '심심한 사과'를 버릴 것까지는 없습니다. 한자어든 문어체든 다 우리말을 풍성하게 해주는 어휘군입니다. 다만 공공성, 대중성이 강한 분야에서는 쉬운 말을 우선으로 쓴다는 원칙을 세워둘 필요가 있습니다.

 **키포인트**

- ✔ 순우리말 '심심하다': 지루하고 재미없다

- ✔ 한자어 '심심(甚深)하다': 마음의 표현이 깊고 간절하다

- ✔ 쉬운 말을 쓰고, 정확하게 읽을 때 문해력 완성!

기업이 하는 건
정책일까, 전략일까

'정책'과 '전략'의 쓰임새 이해하기

해마다 3월이면 주식 시장은 이른바 '슈퍼 주총 시즌'으로 들썩입니다. 12월 결산 법인들의 정기 주주총회가 약속이라도 한 듯 일제히 열리기 때문이지요. 이 시기가 되면 뉴스 창에는 약방의 감초처럼 등장하는 단어들이 있습니다. 바로 '주주환원정책', '배당정책', 그리고 요즘 대세인 'ESG 투자정책' 같은 말들입니다.

그런데 이 단어들을 접할 때마다 무언가 낯선 기분이 들지 않았나요? 다음 문구를 보면 이들 '정책'이 왜 문제가 되는지 알 수 있습니다.

얼핏 보면 마치 정부가 발표한 일자리 대책 같습니다. 하지만 이는 어느 기업의 경영전략 중 하나일 뿐입니다. 그러니 상황에 맞지 않고 어색한 느낌을 줍니다. 해외 명품 브랜드가 제품 가격을 높게 책정하는 것을 두고 "국내에서 고가정책으로 배짱영업을 한다"라고 표현할 때면 그 어색함의 정도가 더합니다.

정부의 말 vs 기업의 말

이에 비해 다음 문장에 쓰인 '정책'은 자연스럽습니다.

● 정책서민금융 상품 중 하나인 소액생계비 대출이 시행된 지 1년이 지났다.

정부의 '외국인 투자정책'이나 '금리정책'도 익숙한 표현입니다. 왜 이런 차이가 생길까요? '정책'이란 말의 정체를 알면 이해가 됩니다.

정책(政策)은 "정치적 목적을 실현하기 위해 꾀하는 방책"을 말합니다. 《고려대 한국어대사전》의 '정책' 풀이는 좀 더 구체적입니다. "정부나 정치 단체, 개인 등이 정치적인 목적을 실현하거나 사회적인 문제를 해결하기 위하여 취하는 방침이나 수단"이라고 했습니다. 그러니 '정책'은 행정 또는 정치 용어로 써야 적절합니다.

쓰임새를 보면 더 분명합니다. '외교정책, 교육정책, 경제정책, 산업정책, 문화정책, 복지정책, 국방정책, 통상정책, 환경정책, 외환정책, 통화정책' 같은 게 용례입니다. 정부나 정치권에 쓰는 말이란 게 드러납니다.

민간 기업에는
'전략'과 '방침'이 어울린다

민간에서는 상황에 따라 '전략'이나 '방침', '지침' 등을 쓰는 게 좋습니다. '전략'은 본래 군사용어이지만 요즘은 의미와 쓰임새가 확대되어 경제·사회 활동을 하는 데 필요한 책략을 뜻하는 말로 쓰입니다. '판매전략, 전략상품, 가격전략' 등이 있습니다. 따라서 기업체 등 민간에서의 행위에 대해서는 '정책'이라는 말 대신 '전략'을 쓰는 게 적절합니다. 이를 자칫 '판매정책, 정책상품, 가격정책' 식으로 쓰지 않도록 주의할 일입니다.

- 회사 정책에 따라 오늘부터 출근시간은 오전 10시다.

이런 표현이 왜 적절하지 않은지 이제 알 수 있습니다. '회사정책'이 아니라 '회사 방침(또는 지침)'이라고 하면 됩니다. 마찬가지로 '경영정책'보다는 '경영방침', '경영전략', '경영지침'이 말의 쓰임새 측면에서 더 잘 어울리는 표현입니다. 앞에서도 '고가정책으로 배짱영업'을 하는 것이 아니라 '고가전략으로 배짱영업'을 하는 것입니다.

이제 응용해볼까요? 몇 해 전 글로벌 전기차 판매 1위 기업인 중국의 비야디(BYD)가 한국 시장 진출을 타진하고 있다는 소식입니다. 이를 전한 다음 문장은 어디가 문제일까요?

- 중국 브랜드 대부분이 공격적인 <u>가격정책 중심의 시장전략</u>을 구사하는 점을 고려했을 때 비야디는 상당한 가격 경쟁력을 갖출 가능성이 크다.

문제가 되는 부분은 '가격정책 중심의 시장전략'입니다. '정책'과 '전략'의 차이를 구별하면 됩니다. 그러면 여기서 '가격정책'이라는 표현이 적절하지 않다는 게 드러납니다. '가격전략'이 마땅합니다. 그런데 뒤에 '시장전략'이 나오니 잘 어울리지 않습니다. 결국 정확한 표현은 '가격 중심의 시장전략'입니다. 시장전략에는 가격이나 성능, 디자인 중심의 전략이 있습니다. 그러니 '가격 중심의 시장전략'이지 '가격정책 중심의 시장전략'이 아닙니다.

✔ '정책': 행정과 정치 영역에 한정해 쓰는 것이 자연스러움

✔ 기업의 활동은 '정책' 대신 '전략', '방침', '지침' 사용

✔ 주주환원정책 (X) → 주주환원전략 (O)
　고가정책 (X) → 고가전략 (O)
　회사 정책 (X) → 회사 방침/ 회사 지침 (O)

2장

틀린 줄도 모르고 습관처럼 쓰는 말

'칠칠맞다'
칭찬일까, 비난일까

'칠칠하다' vs '칠칠치 못하다'

일상에서 누군가의 행동이 어수선하거나 못마땅할 때 '칠칠맞다'는 말을 흔히 씁니다. 대개는 흉을 보거나 타박하는 뜻으로 쓰지요.

- 에이, 칠칠맞은 사람 같으니….
- 넌 왜 그리 칠칠맞냐?
- 그는 행실이 좀 칠칠맞아.

그런데 이 말의 뜻을 정확히 알고 보면 이야기가 달라집니다.

타박처럼 들리지만, 말뜻만 따지면 오히려 칭찬이 될 수도 있기 때문입니다.

'칠칠맞다'를 이해하려면 우선 '칠칠하다'를 알아야 합니다. '칠칠하다'는 '주접이 들지 않고 깨끗하고 단정하다', '성질이나 일 처리가 반듯하고 야무지다'라는 뜻입니다. 애초 나무나 풀, 머리털 따위가 잘 자라서 알차고 길다는 것을 나타내는 말이지요. '검고 칠칠한 머리' 같은 표현에 '칠칠하다'의 본래 뜻이 남아 있습니다. 물론 지금도 그리 쓰이는 말입니다.

이 말이 의미가 확대되어 '단정하고 야무지다'는 뜻으로 쓰이기도 합니다. 그런데 이때는 주로 '못하다, 않다' 따위의 부정어와 함께 쓰인다는 특징이 있습니다. 그래서 '단정치 못하고 주접스럽다'는 뜻을 나타낼 때 '칠칠하지 못하다'느니, '칠칠치 않다'느니 하는 식으로 씁니다. 요즘은 '칠칠하다'를 주로 이런 용법으로 많이 씁니다.

이것을 좀 더 일상적으로 표현하면 '칠칠맞지 못하다', '칠칠맞지 않다'입니다. 이때의 '칠칠맞다'는 '칠칠하다'를 속되게 이르는 말입니다. 단정하고 야무지다는 뜻이지요. 그러니 누군가를 가리켜 '칠칠맞은 사람'이라고 하면 그를 매우 칭찬하는 말입니다.

다만 이 말은 주로 부정어와 어울려 쓰인다는 점을 알아둬야 합니다. "다 큰 애가 하고 다니는 꼴이 도대체 그게 뭐니? 칠칠맞지 못하게"처럼 씁니다.

'부정어'의 꼬리를 확인하라

문제는 이렇게 써야 할 말을 부정어를 생략한 채 쓰는 사람이 많다는 것입니다. "너는 행실이 칠칠맞게 왜 그러느냐" 식으로 말입니다. 당연히 잘못된 표현이죠.

그런가 하면 본래 있는 부정어를 생략하고 그냥 '-이다'형으로 쓰기도 합니다.

- 그 사람 주책없어 — 그 사람 주책이야
- 엉터리없다 — 엉터리다
- 안절부절못하다 — 안절부절이다

원래는 부정어와 함께 쓰는 말이지만 형태 변형 중인 말로서, 넓게 보면 의미가 이동 중인 것으로 볼 수 있습니다. 어법적으로도 허용됩니다. 반면에 '안절부절못하다'를 '안절부절하다'로 쓰는 것은 잘못된 표현입니다.

특히 '칠칠맞다'와 '칠칠맞지 못하다'는 의미가 완전히 다르므로 반드시 구별해서 써야 합니다. '칠칠맞지 못하다/칠칠치 못하다'를 쓸 자리에 '칠칠맞다'를 쓰면 정반대의 의미가 됩니다.

따라서 누군가를 탓하고자 할 때는 "에이, 칠칠맞게…"라고 하지 말고 "에이, 칠칠맞지 못하게…"라고 해야 합니다.

✔ **칠칠하다/ 칠칠맞다: 야무지고 반듯하다, 깨끗하다**

▶ 예: 일 처리가 참 칠칠맞구나!

✔ **칠칠치 못하다/ 칠칠맞지 못하다: 주접스럽고 단정하지 못하다**

▶ 예: 칠칠치 못하게(칠칠맞지 못하게) 왜 자꾸 물건을 잃어버리니?

'수입 쇠고기'는 있어도 '수입산 쇠고기'는 없다

정체불명의 엉터리 조어

글쓰기가 사고의 바탕이 되기 위해서는 글을 논리적으로 쓰는 훈련을 해야 합니다. 합리적이고 이치에 맞게 글을 풀어가는 습관이 몸에 배어야 하지요.

합리적 사고와 논리적 글쓰기는 동전의 앞뒷면과 같아 따로 떼어내 생각할 수 없습니다. 합리적 사고는 과학적 글쓰기에 반영되고, 거꾸로 과학적 글쓰기를 하다 보면 생각도 합리성을 좇게 마련입니다.

하지만 언어 현실은 그런 이치를 방해하는 잡음으로 가득합니다. 흔히 쓰는 '수입산'이라는 말이 대표적입니다. '-산(産)'은 (지역이나 연도를 나타내는 말 뒤에 붙어) 거기에서 또는 그때에 산출된 물건의 뜻을 더하는 말입니다.

한국에서 만들어졌으니 한국산이고, 미국에서 들어온 것이면 미국산입니다. 2010년에 생산한 물품이면 '2010년산 ○○'라고 하면 됩니다. '-산'은 그렇게 쓰는 말입니다. '수입산'이 왜 잘못된 말인지 자명해집니다. 하지만 현실에서는 '수입산 쇠고기' 등 '수입산'이라는 표현이 넘쳐납니다. '수입 쇠고기'라고 하면 그만이고, 더 구체적으로 쓰면 '미국산(호주산) 쇠고기'입니다.

또 다른 잘못된 표현으로 '실업난'이 있습니다. 공급난이나 전세난, 자재난은 말이 되지만 '실업난'은 또 뭘까요? 심지어 '부족난'이란 말도 사용됩니다.

'-난(難)'은 어려움 또는 모자람의 뜻을 더하는 말입니다. 취업이 어려우면 취업난이고, 구직이 잘 안 되면 구직난입니다. 주택이 모자라서 주택난이라고 합니다. 취업난이나 구직난이 생기다보면 그 결과 실업이 늘어나는데, 그렇다고 이를 '실업난'이라고 할 수는 없습니다.

'실업'과 '-난'은 결합하지 않습니다. '실업 사태' 등 문맥에 따라 적절한 표현을 찾아야 합니다. 마찬가지로 자재가 부족하면 '자재난'이지 '자재 부족난'이라고 하면 말이 안 됩니다. 무심코 입에 올리기는 하지만 정체불명의 엉터리 조어인 셈이지요.

'-관'은 공적인 직책에만

일상에서 흔히 쓰는 말이지만 비논리적 표현은 너무나 많습니다. '면접관'도 그중 하나입니다. '-관(官)'은 '공적인 직책을 맡은 사람'의 뜻을 더하는 접미사입니다. 경찰관, 법무관, 사령관, 소방관 같은 데 씁니다. 용례에서 알 수 있듯이 모두 공무를 수행하는 사람을 가리킬 때 쓰는 말입니다. 즉 민간 기업의 직책에 쓰기에는 적절치 않다는 뜻입니다.

일반 회사의 채용 공고를 보면 '면접관'이란 말이 많이 보입니다. 이는 단어 의미에 따른 용법을 무시한 것입니다. 민간인에게 '면접관'이라는 표현을 쓰면 어색하게 느껴야 하는데 언어 현실은 그렇지 않은 것 같습니다. '면접위원'이나 '면접원' 등 다른 적절한 말이 있는데도 그렇습니다. 이런 오류는 사람들이 많이 쓰는 게 곧 어법이라는 설명과는 차원이 다른 얘기입니다.

말에도 이치가 있고 과학이 있습니다. 그것을 무시하거나 소홀히 하는 것은 우리말에 대한 예의가 아닙니다. 비논리적 표현을 거르지 않고 남용하면 우리말 진화에 역행하는 결과를 가져올 수 있습니다.

✔ **수입산(X) → 수입 ○○ / ○○산 (O)**
  ▶ '수입'은 들어온 경로, '-산'은 만든 곳

✔ **실업난(X) → 취업난·구직난 / 실업 증가 (O)**
  ▶ '-난'은 부족이나 어려움, '실업'은 결과

✔ **면접관(X) → 면접위원 / 면접원 (O)**
  ▶ '-관'은 공적인 직책

능동과 피동으로 구별하는 띄어쓰기

'선물 받다'와 '미움받다'

한 해를 마무리하는 12월에는 크리스마스가 있어서 더 좋습니다. 이즈음엔 가족끼리 또는 가까운 사람끼리 서로 선물을 주고받으며 연말의 분위기를 더하지요. 이때는 "선물을 받았다"라고 합니다. 곧이어 새해가 되면 "복 많이 받으세요" 하면서 인사를 합니다. 이때의 '받다'는 우리가 잘 아는 대로, 동작을 나타내는 말입니다.

그런데 '받다'는 이런 경우와 달리, 앞말과 붙어 하나의 뜻을 만드는 경우도 있습니다. 이때는 한 단어로 붙여 씁니다. '강요받다', '사랑받다' 등입니다. 모두 피동의 의미입니다.

'세금 받다'와 '미움받다', 무엇이 다를까

이렇다 보니 띄어쓰기가 헷갈립니다. 앞에서 본 예만 해도 그렇습니다. '선물을 받았다'와 '복 많이 받으세요'에서 '을'과 '많이'를 생략하고 쓴다고 생각해보세요. '선물받았다', '복받으세요'처럼 붙여 써야 할까요? 아니면 '선물 받았다', '복 받으세요'라고 띄어 써야 할까요? 정답부터 말하면, 둘 다 띄어 써야 합니다.

핵심은 간단합니다. '받다'가 주체의 행동을 나타내는지, 아니면 누군가에게 당하는 것(피동)인지를 보면 됩니다. 전자는 띄어 쓰고, 후자는 붙여 씁니다. 이런 사례는 수없이 많습니다.

- **세금 받다/편지 받다/월급 받다**
- **미움받다/벌받다/주목받다**

'세금 받다/편지 받다/월급 받다'에서의 '받다'는 무엇을 얻거나 응하는 행동을 나타냅니다. 이럴 때는 띄어 씁니다. 반면 '미움받다/벌받다/주목받다'에서의 '받다'는 누군가에게 당하거나 입는 상황을 나타냅니다. 이 경우에는 앞말과 붙여 씁니다. '강요받다/귀염받다/사랑받다/인정받다/차별받다/버림받다/지배받다' 등에 붙는 '받다' 역시 누군가에게 '당하다, 입다'라는 의미이므로 붙여 써야 합니다.

반대로 띄어 써야 하는 경우를 하나 더 들어보겠습니다.

- 오늘 수학 시험을 봤는데 <u>만점 받았다</u>.

여기서 '받다'는 어떤 가치에 해당하는 것을 '따내다'라는 뜻입니다. 'A등급 받다/박사학위 받다'라고 할 때도 마찬가지입니다. 누군가에게 당하는 피동 개념이 아니라 주체의 능동적 행위라는 게 드러납니다.

붙일지 띄울지, 바로 판단하는 법

이제 응용해볼까요? 다음 문장에서 밑줄친 부분의 띄어쓰기가 옳은 것인지 판단해보세요.

- 최저임금 인상으로 <u>고통 받는</u> 비정규직, 소상공인들을 고려하면 '최저임금 1만 원'이라는 정부의 공약을 재검토해야 할 시점이다.

헷갈리겠지만 여기서의 고통은 타인이나 상황으로부터 '당하는' 것임을 생각하면 답은 명쾌해집니다. 피동의 의미이므로 '고통받는'으로 붙여 씁니다. '도전받다/안내받다'도 마찬가지입니다. 주체의 행동이 아닙니다. 타인으로부터 '입는' 것입니다. 따라서 붙여 씁니다.

그러면 '결재 받다/선물 받다/전화 받다/(좌회전)신호 받다'는 어떨까요? 이들은 누군가로부터 당하는 개념으로 보기 어렵습니다. '결재/선물 받다'는 구체적 행위나 물건을 따내거나 가진다는 의미로, 이는 주체의 행동에 해당합니다. '상(을) 받다' 할 때의 그 '받다'와 같습니다.

'전화/신호 받다'에서는 '응하다'의 뜻입니다. 전화 온 것에 내가 응했다는 것이고, 신호가 들어와 거기에 반응했다는 뜻입니다. '복 받으세요'에서는 복이라는 가치를 자기가 따낸다는 뜻입니다. '손님 받아라'에서는 '맞아들이다'라는 의미입니다. 모두 능동적인 행위이지요. 이 차이를 구별하면 더 이상 띄어쓰기가 헷갈리지 않을 겁니다.

 **키포인트**

✔ **내가 얻거나 응하면(능동의 의미): 띄어쓰기**
▶ 예: 선물 받다, 전화 받다, 결재 받다

✔ **누군가에게 당하면(피동의 의미): 붙여쓰기**
▶ 예: 미움받다, 사랑받다, 고통받다

유명세는 '떨치는' 게
아니라 '치르는' 것

세금에 빗대 만든 조어, '유명세'

우리가 뜻을 잘못 알고 쓰는 말은 생각보다 많습니다. 너무 익숙한 나머지 한 번도 의미를 따져보지 않은 채 쓰는 경우가 대부분이지요. '유명세'가 그런 말 중 하나입니다.

- 유명세 탄 명소
- 유명세를 떨쳐
- 유명세가 높아

이 표현들은 겉보기에는 자연스럽습니다. 하지만 이 말이 가리키는 뜻을 정확히 알면, 이런 문장은 성립하기 어렵다는 것을 알 수 있습니다.

유명세라는 말이 쓰인 것은 그리 오래되지 않았습니다. 대략 1960년대 들어선 후로 보면 될 것 같습니다. 1962년 10월 말, 전국을 떠들썩하게 한 희대의 간통 사건이 터졌지요. 지금도 이름만 대면 알 만한 유명 남녀 배우입니다. 지금은 폐지되었지만 간통죄를 엄하게 묻던 그 시절 이 사건으로 인기 정상의 배우 최모 씨와 김모 씨가 곧바로 구속되었습니다.

- **그들이 유명인이기 때문에 지불해야 하는 이른바 '유명세'란 것은 매스컴의 선전으로 그들의 사생활이 만천하에 폭로되었다는 사실로써 충분히 지불되었고 응징되었다고 봐야겠다.**

이것이 언론 보도에 '유명세'라는 말이 처음 등장하는 사례라고 할 수 있습니다. 이때만 해도 '유명세'를 바르게 썼습니다.

유명세(有名稅)는 "세상에 이름이 널리 알려져 있어 당하는 불편이나 곤욕"을 속되게 이르는 말입니다. 즉 '유명하기 때문에 치르는 불편'을 말합니다. 이를 세금에 빗대 만든 조어입니다.

가령 이름이 널리 알려져 본의 아니게 사생활을 침해당한다든지, 공항에서 극성팬들에게 둘러싸여 오도 가도 못하는 상황이 벌어진다든지 하는 것을 '유명세를 치른다'고 말합니다. 불편하거나 곤혹스러운 상황에 쓰는 말이라 부정적인 의미자질을 갖는 말입니다.

세금은 치르거나 내거나 뒤따르는 것이니 '유명세를 치르다', '유명세를 톡톡히 내다', '유명세가 따르다'처럼 씁니다. 유명세는 세금이긴 하되 돈으로 내는 게 아니라 마음으로 부담하는 세금인 것이지요. 유명세가 많은 사람은 불편스럽긴 하겠지만 그래도 '즐거운 비명'을 지르는 셈입니다.

유명세는 얼마짜리 세금일까?

이 말이 언젠가부터 좀 이상하게 쓰이고 있습니다. 아마도 유명세의 '세(稅)'를 세력을 뜻하는 '세(勢)'로 잘못 알고 쓰는 것 같습니다.

- 최근 야시장이 유명세를 타면서…
- 다문화 사찰로 유명세를 떨친…
- 유명세 덕분에…

모두 잘못된 표현입니다. 이런 쓰임새는 첫째, 유명해서 치르는 불편이나 곤혹스러움을 나타내는 상황이 아니기 때문에 적절한 표현이 아닙니다. 유명세를 쓸 자리가 아니라는 뜻입니다. 그냥 유명하다 또는 유명해졌다는 것을 말하고 있을 뿐입니다.

둘째, 이마저도 유명세를 떨치느니, 유명세를 타느니, 유명세가 높다느니 하는 식으로 말하는 것은 유명세의 뜻을 바르게 쓴 게 아닙니다. 유명세가 아닌데 유명세를 썼고, 그것을 명성이나 세력 정도의 뜻으로 썼으니 두 번에 걸쳐 우리말을 비튼 셈입니다. 유명한 것은 그냥 '유명하다'고 하면 됩니다.

키포인트

✔ **유명세: 유명해서 겪는 불편, 곤혹**
  ▶ 유명세를 치르다, 유명세가 따르다 (O)
  ▶ 유명세를 타다, 유명세를 떨치다, 유명세가 높아 (X)

'비'와 '초토화'를 함께 쓰면 안 되는 이유

함께 쓰면 이상해지는 말

글은 단어로 시작해서 단어로 완성됩니다. 그래서 단어 하나만 잘못 고르면, 문장 전체가 어법에 맞지 않게 되는 경우가 생깁니다. 겉보기에는 말이 통하는 듯해도, 그 말이 품고 있는 본래 뜻을 따져보면 문장이 성립하지 않는 것이지요. 다음 문장을 보겠습니다.

- 이곳이 고추·고구마 밭이었다는 게 믿어집니까? 고작 세 시간 동안 내린 비로 600여 평 밭이 초토화되었습니다.

이 문장에서 문제가 되는 단어를 찾았나요? 적어도 어딘지 어색하다고 느꼈다면 우리말에 꽤 관심이 있다는 방증입니다. 문제는 '초토화'입니다.

초토(焦土)는 '불에 타서 검게 그을린 땅'을 말합니다. 거기에 '될 화(化)'가 붙었으니 '불에 탄 것처럼 황폐해지고 못 쓰게 된 상태'를 비유적으로 이르는 말이지요.

'초(焦)'가 '(불에) 그을리다, 불타다'를 뜻합니다. 매우 급하고 긴요한 일을 '초미의 관심사'라고 합니다. 초미(焦眉), 즉 눈썹(眉)에 불이 붙었으니(焦), 세상 무엇보다도 급한 상황임을 빗댄 것입니다. 초(焦) 자가 '불 화(火)'와 관련이 있다는 점을 기억해두는 게 요령입니다. 초(焦) 자에서 아래쪽에 찍힌 네 개의 점이 부수로 쓰인 '불 화' 자입니다.

그러니 폭격이나 화재 때문이라면 모를까 물난리로 '초토화'가 될 수는 없습니다. 문맥에 따라 '쑥대밭'이나 '아수라장', '난장판' 등 어울리는 말을 골라 쓰면 됩니다. 문장이 의미하는 바를 잘 살피라는 뜻입니다.

- **오랫동안 비가 오지 아니하야 전 면적의 칠분(七分)이나 초토화(焦土化)시키어 이제 바로 비가 만족히 나리고⋯.**

1929년 8월 17일자 《동아일보》 기사입니다. 오랜 가뭄 끝에 단비가 내린 소식을 전하면서 '초토화'를 썼지만 맥락이 다릅니다. 여기서는 비가 오지 않아 불볕에 타들어가는 토양을 가리키는 표현이므로 이는 적절합니다.

그런데 요즘에는 물난리라도 큰 피해가 나면 무작정 '초토화'라는 말을 꺼내드는 게 문제입니다. 의미를 정확히 알아야 그 쓰임새도 제대로 구사할 수 있습니다. 대충 말만 통하면 된다는 생각이 이런 오류에 빠지게 하지요.

글쓰기는 정확한 단어 선택에서 시작됩니다. '의미에 맞는' 단어를 골라 적재적소에 쓰는 힘이 곧 글쓰기 능력을 좌우한다고 해도 과언이 아닙니다.

✔ **초토화: 불에 타서 그을린 땅처럼 못쓰게 됨**
  ▶ 어울리는 상황: 화재, 폭격, 가뭄 (O)
  ▶ 어울리지 않는 상황: 폭우, 침수, 물난리 (X)

한나절은 6시간일까, 12시간일까

세월에 따라 애매해진 시간의 구분

원래 한나절과 반나절은 다른 말인데 언제부터인가 구별하지 않고 쓰는 경우가 많습니다. 왜 이런 일이 생길까요? 옛날에는 시간 개념이 지금처럼 시, 분, 초로 세분화되지 않았습니다. '일상에서 활동하는 동안'을 어림잡아 기준으로 삼았습니다. 그래서 생겨난 말이 한나절, 반나절인데, 이 말을 유난히 헷갈려 하는 사람이 많습니다.

이 두 말의 핵심어는 '나절'입니다. 나절은 어원이 확실하지 않습니다. '낮+알' 또는 '낮+절(折/切)'에서 변화한 것으로 추정할 뿐입니다.

하루를 밤·낮으로 나눌 때 해가 떠 있는 동안이 낮이니 대략 12시간입니다. 이를 '하룻낮'이라고 하고, 그 절반을 나절이라고 합니다. 한나절은 오전이나 오후 어느 한쪽의 낮을 가리킵니다. 시간으로 치면 6시간쯤 되는 셈입니다. 이를 '해가 떠 있는 하루 전체'로 오인하지 않도록 주의해야 합니다. 그 한나절의 절반이 '반나절'입니다. 얼추 3시간으로 보면 됩니다. 여기까지가 한나절과 반나절의 원래 의미입니다.

한나절과 반나절, 사전이 허용한 혼란

하지만 《표준국어대사전》은 이를 다르게 정의했습니다. 한나절을 '하룻낮의 반'이라 하면서 동시에 반나절과 같은 말로 쓸 수 있게 했습니다. 한편 한나절을 아예 '하룻낮 전체'라는 의미로도 쓸 수 있게 했습니다. 그러다 보니 한나절과 반나절, 한나절과 하룻낮의 구별이 사실상 사라졌습니다.

이는 사전을 편찬할 때 기술적(descriptive) 관점을 취한 결과입니다. 현실적으로 사람들이 많이 쓰는 말을 사전에 반영한 것이지요. 이런 관점은 규범적(prescriptive) 접근과 늘 충돌해왔고 논란거리가 되어왔습니다. 기술적 관점에서의 사전 풀이는 얻는 게 많지만 잃는 것도 있습니다. 말은 사회 구성원들 사이의 약속입니다. 그런데 자칫 그 약속을 깨뜨리고 의미가 지나치게 느슨해질 수 있다는 점에서 그렇습니다.

동안을 나타내는 또 다른 고유어 '새벽'도 그중 하나입니다. 새벽은 여전히 사람들에게 동트기 직전의 어슴푸레한 때입니다. 하지만 사전에서는 다릅니다. 밤 12시 이후 일출 전까지를 뜻하는 말로도 쓸 수 있게 되어 있습니다.

그래서 '새벽 한 시, 두 시' 같은 표현도 가능해졌습니다. 하지만 그 시각을 뜻하는 말은 따로 있습니다. 한밤중이나 오밤중, 야밤중이라고 하지요.

● **오늘 오후 <u>반나절 안에</u> 일을 끝내라.**

여기서 '반나절 안에'는 정확히 얼마 동안일까요? 말한 사람은 오후 한때, 즉 3시간 정도로 생각했는데, 듣는 사람은 오후 내내, 즉 6시간으로 받아들였을지 모릅니다. 그것이 매우 중요한 업무였다면 그 결과는 심각할 것입니다. 의사소통에 실패한 셈입니다.

'어림잡은 동안'으로 한식경이니 일다경이니 하는 말도 일상에서 여전히 쓰입니다. 한식경(一食頃)은 밥 한 끼 먹을 시간, 일다경(一茶頃)은 차 한 잔 마실 시간을 가리킵니다. 굳이 따지자면 한식경은 30분, 일다경은 15분 정도입니다.

빛처럼 빠른 AI 시대이지만 우리 주위에 아날로그적 표현은 여전히 살아 있습니다. 잘 쓰면 삶의 여유를 느끼게 해주는, 좋은 우리말이지요.

✔ 나절: 해가 떠 있는 낮의 절반, 약 6시간

✔ 한나절: 오전이나 오후 한쪽의 낮, 약 6시간

✔ 반나절: 한나절의 절반, 약 3시간

롱패딩은
'길다란' 게 아니고
'기다란' 것

받침이 헷갈리는 말들

우리말에는 알쏭달쏭한 구석이 많습니다. 맞는 듯하면서도 어딘가 헷갈리고, 틀린 줄도 모른 채 그냥 쓰는 표현도 적지 않지요. 다음 문장들을 한번 살펴볼까요?

- 요즘은 무릎 아래까지 오는 <u>길다란</u> 롱패딩이 유행이야.
- 겸손이라는 것은 <u>얇다랗고</u> 긴 평균대에서 균형을 잡는 것과도 같다.
- 대전의 한 전통시장, <u>넓다란</u> 통로가 인파로 발 디딜 틈이 없습니다.

이 예문들은 인터넷에서 눈에 띄는 대로 모은, 정서법에 어긋난 문장들입니다. 어디가 틀렸을까요? '길다란'은 '기다란'을 잘 못 쓴 것입니다. '얇다랗고'는 '얄따랗고'로, '넓다란'은 '널따란'으로 써야 합니다.

이런 오류는 글쓰기에서 흔히 벌어집니다. 사소한 것 같지만 이런 작은 실수들이 글에 대한 신뢰를 떨어뜨리기도 하지요. 그렇다고 수많은 단어 표기를 모두 외울 수도 없는 노릇입니다. 하지만 소리와 형태의 관계를 이해하면 훨씬 쉽게 판단할 수 있습니다.

소리 나는 대로 쓰느냐, 원형을 살리느냐

한글 맞춤법의 기본 원칙은 '표준어를 소리 나는 대로 적되, 어법에 맞도록 함을 원칙으로 한다'입니다. 이 의미를 이해하는 게 중요합니다. 이 조항은 한글 맞춤법의 두 가지 대원칙, 즉 소리 나는 대로 적는 방식과 형태를 유지해 적는 방식을 밝히고 있습니다.

한글은 세계적으로 우수한 소리글자(표음문자)입니다. 웬만한 말소리를 그대로 글자로 적을 수 있지요. 그렇다고 맞춤법도 표음주의를 따를 것으로 오해해선 안 됩니다. 소리 나는 대로 적되, 뜻을 알아보기 어려울 때는 말의 원래 모습을 살려 적는 방식을 함께 씁니다. 오늘날의 한글 맞춤법은 표음주의에 형태주의를 절충해 만들어졌다고 보면 됩니다. 형태주의란 글자 형태를 바꾸지 않고 고정시키는 것을 말합니다. 가령 '꽃'과 '잎'이 어울리면 소리는 [꼰닙]으로 나지만 글자로 적을 때는 '꽃잎'을 유지합니다.

앞에서 말한 한글 맞춤법 기본 원칙의 '어법에 맞도록 함'이란 이렇듯 '단어의 뜻을 파악하기 쉽게 그 형태를 밝혀 적는다'는 뜻입니다.

받침이 사라지면 표기도 바뀐다

그 점을 염두에 두고 '기다랗다/얄따랗다/널따랗다'의 표기 원리를 살펴볼까요? 이 말들은 각각 '길다/얇다/넓다'에서 나왔습니다. 그런데 뒤에 다른 말이 붙으면서, 끝소리가 실제 발음에서 사라집니다. 이런 경우 들리는 대로 적습니다. 즉 '기다랗다'는 '길다'의 마지막 받침 'ㄹ'이 다른 말과 결합하면서 발음에서 사라지기 때문에[기다라타], '기다랗다'로 적습니다.

바느질(바늘+질), 무쇠(물+쇠), 아드님(아들+님)도 같은 원칙으로 설명할 수 있습니다.

'얄따랗다', '널따랗다'도 마찬가지입니다. '얇다', '넓다'가 다른 말과 결합할 때 'ㅂ'이 발음되지 않기 때문에, 형태를 살리지 않고 들리는 대로 적습니다. 받침 'ㅂ'이 실현되지 않는데 굳이 이를 표기에 반영할 필요가 없기 때문입니다.

반면 '굵다랗다'는 다릅니다. 이 말은 '굵다'의 받침 'ㄱ'이 발음되므로[국:따라타], 원래 모습을 살려 적습니다. 이런 규칙성은 '넓적하다/넙적하다', '넓적다리/넙적다리'가 헷갈릴 때도 써먹을 수 있습니다. 발음이 각각 [넙쩌카다/넙쩍따리]로 마지막 받침 'ㅂ'이 실현됩니다. 이럴 땐 원형을 밝혀 '넓적하다/넓적다리'로 적습니다.

✔ 발음에서 사라지면: 소리 나는 대로 적기

✔ 원형대로 발음되면: 원래 글자 형태를 살려 적기

원형	발음	바른 쓰임(O)	잘못된 쓰임(X)
길다	'ㄹ' 사라짐	기다랗다 (길다+다랗다)	길다란
얇다/ 넓다	'ㅂ' 사라짐	얄따랗다 (얇다+다랗다) 널따랗다 (넓다+다랗다)	얇다란, 넓다란
굵다	'ㄱ' 유지	굵다랗다 (굵다+다랗다)	굴따랗다

돌아서면 헷갈리는 띄어쓰기

띄어쓰기 감각 익히는 법

띄어쓰기는 한글맞춤법 57개 항 가운데 10개 항을 차지할 만큼 비중 있는 부분입니다. 세부적으로 들어가면 책 한 권 분량이 될 정도로 복잡하고 방대하지요. 규정도 많고 예외도 많습니다.

띄어쓰기가 어렵게 느껴지는 건 형태는 같은데 쓰임이 다른 말이 많기 때문입니다. 대표적으로 '뿐', '지', '만', '데', '대로' 등이 있습니다. 이들은 문장 안에서 때로는 조사로, 때로는 어미나 접미사로, 때로는 의존명사로 쓰입니다.

조사는 앞말에 붙어 그 말의 뜻을 도와주는 역할을 합니다.

자립성이 없어 항상 앞말에 붙여 씁니다. 어미는 말끝에 붙어 문장을 마무리하거나 다음 말을 이끄는 구실을 하고, 접미사는 앞말에 붙어 새로운 의미를 만드는 데 쓰입니다. 의존명사는 혼자서는 쓰이지 못하고, 앞말의 도움을 받아 뜻을 이루는 말입니다. 주로 시간의 경과나 장소, 상황의 뜻을 나타냅니다.

조사, 어미, 접미사로 쓰일 경우엔 붙여 쓰고, 의존명사로 쓰일 경우엔 띄어 씁니다. 띄어쓰기를 공략하려면 무엇보다 이런 쓰임새를 구별하는 눈을 갖춰야 합니다.

그렇다고 무조건 외우려고 하면 안 됩니다. 모국어 화자라면 자연스럽게 체득하는 감각으로 익혀야 합니다. 다만 그것을 끌어내기 위해 개념 정리는 해둬야 합니다. 글쓰기에서 자주 나오는 용례를 통해 그 개념이 무엇인지 알아볼까요?

우선 '뿐'은 조사와 의존명사로 쓰입니다. "믿을 건 너뿐이야"라고 할 때는 조사로 쓰인 것입니다. '오로지'의 뜻을 담고 있다고 보면 됩니다. 조사는 혼자 쓰이지 못하므로 늘 앞말에 붙여 씁니다.

이에 비해 '-할/-을' 등의 수식을 받는 형태일 때는 의존명사입니다. 이때는 반드시 띄어 씁니다. '소문으로 들었을 뿐이다' 같은 게 그 예입니다. 문장 구성이 명백히 다르기 때문에 구별하기 쉽습니다. 다만 '-ㄹ뿐더러'는 그 자체가 어미이므로 이 경우에는 붙여 씁니다. "그 친구는 일도 잘할뿐더러 성격도 좋다", "오늘은 하늘이 맑을뿐더러 날도 따스하다" 식으로 쓰는 말입니다.

띄어쓰기가 헷갈릴 때는 의미로 구별

의존명사와 어미로 쓰이는 '지'와 '-ㄴ(ㄹ)지'도 분명하게 구별됩니다. 의미를 따져보는 게 제일 쉽습니다.

- **그를 <u>만난 지</u> 1년이 넘었다.**

이때의 '지'는 '시간의 경과', '동안'을 나타내는 의존명사이므로 반드시 띄어 써야 합니다.

- **그를 <u>만날 수 있을지</u> 모르겠다.**

여기서 어미 '-ㄹ지(-ㄴ지)'는 '추정/의문' 등을 나타냅니다. '-인지 아닌지'의 범주에 들어가는 표현은 모두 어미이므로 붙여 쓰면 됩니다.

의존명사 '데'와 어미 '-ㄴ데'도 많이 헷갈려 하는 용법입니다. 의미 차이로 구별하는 게 요령입니다.

- **그는 <u>돈 버는 데</u> 온통 정신이 팔려 있다.**

이때의 '데'는 '곳·장소, 일·것, 경우·상황'의 뜻을 나타내는 의존명사입니다. 어미 '-ㄴ데'와는 어떻게 다를까요?

- **그는 돈은 <u>많은데</u> 건강이 안 좋아.**

이때의 '-ㄴ데'는 뒷말을 이끌기 위한 조건, 설명 등을 나타내는 말입니다. 대개 앞의 말과 대립하는 내용이 이어집니다. 동사나 형용사의 어간에 붙는 어미이므로 당연히 붙여 씁니다.
이런 구별을 다른 문장에 응용해볼까요?

- **<u>휴일인데</u> 마땅히 갈 데가 없어.**

'휴일인데'는 다음 말을 이끄는 전제이므로 '-ㄴ데'는 어미이며, '갈 데'의 '데'는 장소를 나타내는 의존명사입니다. '데'의 자리에 '곳, 것, 경우' 등을 넣어봐서 의미가 통하면 의존명사이므로 띄어 쓰면 됩니다.

- **그 여자는 <u>예쁜데다가</u> 똑똑하기까지 하다.**

이제 이 문장의 오류를 구별할 수 있다면 띄어쓰기의 개념은 어느 정도 잡힌 것입니다. 이때의 '-ㄴ데'는 어미가 아니라 '것, 경우'를 뜻하는 의존명사입니다. '예쁜 것에다가 똑똑하기까지 한 것'이라는 뜻입니다. 따라서 '예쁜 데다가'로 띄어 써야 합니다.

⁉️ 키포인트

✔ **'-지' 띄어쓰기**
  - ▶ 시간의 경과를 나타낼 때: 띄어쓰기
  - ▶ 예: 만난 지 1년이 넘었다

  - ▶ 의문, 추측을 나타낼 때: 붙여쓰기
  - ▶ 예: 갈 수 있을지 모르겠다

✔ **'-데' 띄어쓰기**
  - ▶ 일, 장소, 상황을 가리킬 때: 띄어쓰기
  - ▶ 예: 갈 데가 없다

  - ▶ 다음 말을 이끌어줄 때: 붙여쓰기
  - ▶ 예: 예쁜데 성격도 좋다

✔ **'-뿐' 띄어쓰기**
  - ▶ 앞말의 내용을 받을 때: 띄어쓰기
  - ▶ 예: 들었을 뿐이다

  - ▶ '오로지'를 뜻할 때: 붙여쓰기
  - ▶ 예: 너뿐이야

'1년째'는 정확히 언제부터일까

막연하게 쓰는 기간 표현

좋은 글은 말하고자 하는 바가 분명합니다. 힘 있는 문장일수록 모호한 표현을 쓰지 않습니다. 무엇을 말하는지, 언제부터 언제까지인지, 읽는 사람이 짐작에 의존하지 않도록 또렷하게 드러냅니다.

그런데 현실의 문장에서는 그렇지 않은 표현도 적지 않습니다. 다음 문장이 그렇습니다.

- 지역 경제를 지탱하는 상점들은 대부분 컨테이너 가건물에 의존하는 실정이고 남은 주민들도 텐트와 가건물을 <u>1년째</u> 전전하고 있다.

이 예문에서 생각해봐야 할 말은 '1년째'입니다. '1년째'는 모호한 말, 대충 쓰는 말 중 하나입니다. 기간을 말하는 듯하지만 실제로는 범위가 매우 느슨한 표현이지요. 그래서 상황에 따라 각기 다른 기간을 떠올리게 합니다. 오해를 막으려면 먼저 '-째'의 쓰임새를 이해할 필요가 있습니다.

'-째'는 두 가지로 쓰입니다. 하나는 차례의 뜻을 더합니다. '두 잔째', '세 바퀴째' 같은 게 그런 쓰임새입니다. 다른 하나는 '동안'의 뜻을 더합니다. '사흘째', '며칠째'가 그런 예입니다. '차례'의 뜻을 더할 때는 횟수를 나타내는 것이라 시빗거리가 되지 않습니다. 문제는 '동안'의 뜻을 더할 때입니다.

사람마다 다르게 이해하는 '1년째'

'동안'은 계속 이어지는 기간을 말합니다. 그런데 단위가 커지면 의미가 두루뭉술해집니다. 가령 닷새째니 일주일째니 하는 단수 개념은 명쾌합니다. 6일 또는 8일 된 것을 일주일째라고 하지 않습니다. 딱 7일째를 일주일째라고 합니다.

하지만 한 달째 정도 되면 '엄격함'이 떨어집니다. 며칠 모자라거나 조금 넘는 것도 대충 한 달째라고 합니다. 1년째쯤 되면 더 심해집니다. 정확히 365일 되는 날을 가리키는 경우는 별로 없습니다. 1년을 기점으로 며칠 전후 또는 한 달 정도 전후도 '1년째'로 통합합니다. '2, 3년째'라고 하면 실제로는 몇 달씩 차이가 날 때도 있습니다. '1년째'의 함정인 셈입니다. 그래서 다음과 같은 문장을 읽으면 사람마다 떠올리는 기간이 다를 수 있습니다.

- 서울시 등에서 제동을 걸어 1년째 사업이 지연되고 있다.
- 1년째 법안이 국회 문턱을 넘지 못하고 있다.

'1년째'는 흔히 쓰는 표현이지만 그것이 의미하는 '동안'은 제각 각입니다. 다분히 주관적 쓰임새를 보이기 때문에 정확히 언제부 터 언제까지를 뜻하는지, 이 말만으로는 분명하지 않습니다.

'1년 가까이', '1년 넘게'가 정확한 표현

그럼 '1년째'라는 말 대신 뭐라고 해야 의미가 제대로 통할까요? 좀 더 구체적으로 '1년 가까이', '1년 넘게'처럼 표현하는 것이 좋 습니다. 말을 정교하고 엄밀하게 다뤄야 하고 그리 쓰도록 연습 해야 합니다.

정리하면, "사장 자리가 1년째 공석이다", "우리가 만난 지 벌 써 1년째다" 같은 말을 현실적으로 많이 쓰지만, 구체성이 떨어 지거나 정확하지 않은 표현입니다. 화자 위주의 편의적인 표현 방식이라 할 수 있습니다.

참고로 《표준국어대사전》에는 원래 '-째'의 풀이에 '동안'은 없고 '차례'의 의미만 있었습니다. 하지만 실생활에선 '차례' 못지않게 '동안'의 의미로 쓰는 경우가 많기 때문에 2018년에 이를 사전에 올렸습니다.

일상에서 '-째'의 용법은 의외로 까다롭습니다. 가령 홍길동 씨가 2022년 4월 15일에 입사해서 2026년 3월 현재 재직 중이라면, 그는 몇 년째 일하고 있는 것일까요? 정확히는 3년 11개월째 근무 중입니다. 이것을 차례 개념으로 따지면 해가 다섯 번 바뀌었으니 '5년째'가 됩니다. 흔히 '햇수로 5년이다'라고 하면 '5년째'와 같은 말입니다. '햇수'란 말 그대로 '해의 수'입니다. 단순히 해의 바뀜을 따지기 때문에, 2022년에 입사했다면 2026년 현재를 '햇수로 5년'이라고 합니다. 또는 '5년째'라고도 합니다.

하지만 '만' 개념으로 따지면 2026년 4월 15일이 되어야 비로소 '만 4년'입니다. 그러니 2026년 들어 4월 15일 전까지는 '만 3년'인 것입니다. 4월 15일 이후 만 5년이 되는 2027년 4월 15일 전까지는 내내 '만 4년'입니다. 이것이 민법 개정을 통해 2023년부터 적용된 '만 나이' 셈법입니다.

'입사한 지 3년, 햇수로는 5년째'라는 말이 성립하는 것은 만 개념으로는 3년 지났는데 햇수로 따지면 5년째가 되었다는 뜻입니다.

이처럼 같은 시간을 두고도 어떤 기준으로 세느냐에 따라 표현은 달라집니다. 문제는 이런 차이를 의식하지 않은 채 '1년째'

같은 말을 습관적으로 쓰는 데 있습니다. 글에서 시간 표현은 독자가 상황을 이해하는 기준이 됩니다. 모호한 표현 하나가 전체 문장의 신뢰도를 떨어뜨릴 수도 있습니다.

따라서 기간을 말할 때는 '만'인지, '햇수'인지, 또는 대략적인 범위를 말하는 것인지 기준을 분명히 하는 습관이 필요합니다. 그래야 읽는 사람이 짐작이 아니라 이해로 받아들일 수 있습니다. 이것이 문장을 또렷하게 만드는 가장 기본적인 방법입니다.

키포인트

- ✔ '1년째'는 말하는 사람 위주의 모호한 표현

- ✔ 기간을 분명히 하려면, '1년 가까이' 혹은 '1년 넘게'

대막은
장식할 수 없다
두 표현이 섞인 정체불명의 혼종

대중매체의 보도 언어는 늘 '규범' 준수와 '일탈'의 유혹 사이에서 줄타기를 합니다. 규범을 따르지만 딱히 거기에 얽매이지는 않습니다. 익숙한 표현을 조금씩 변형해 쓰기도 하고, 서로 다른 관용구가 섞여 새로운 말이 만들어지기도 합니다. 다음 문장을 보겠습니다.

- 올 가을에는 유럽의 명문악단으로 꼽히는 영국 런던심포니오케스트라가 한국에서 열리는 '월드클래스 콘서트 시리즈'의 대막을 장식한다.

- KGC인삼공사가 DB와 접전 끝에 1점 차 승리를 거두며 2021년 프로농구 대막을 장식했다.

위 문장에서 '대막을 장식하다'가 그런 사례입니다. 분명 익숙한 표현 같은데 어딘지 모르게 이질감을 줍니다. 정상적인 표현에서 살짝 일탈해 있기 때문입니다.

이 말은 기왕에 쓰던 몇 가지 표현이 뒤섞인 형태입니다. 우선 '대미(大尾)를 장식하다'라는 말이 있습니다. 어떤 일의 맨 마지막을 의미 있게 마무리한다는 뜻입니다.

비슷한 말로 '대단원의 막을 내리다'도 흔히 쓰입니다. '대단원'은 연극이나 소설 등에서 모든 사건을 해결하고 끝을 내는 마지막 장면을 나타내는 말입니다. 대미나 대단원이나 비슷한 뜻인데, 어울리는 말이 서로 다릅니다. 대미는 '장식하다'로 이어지고, 대단원은 '막을 내리다'와 함께 쓰입니다.

온전하지 않은 말, '대막을 장식하다'

문제는 '대막'입니다. '대막'은 사전에 없는 말입니다. 정체불명의 말이 통용되고 있는 셈이지요. 다만 쓰임새를 통해 원형을 짐작해볼 수 있습니다.

어원을 추측했을 때 '대단원의 막'을 줄여서 '대막(大幕)'이라고 했을 것입니다. 그렇다면 이어지는 말로는 '내리다'를 취해야 자연스럽습니다. 하지만 비록 일탈했다곤 해도 '대막을 내리다'라고 하지 않고 '대막을 장식하다'라고 합니다. '대미를 장식하다'에서 취한 것입니다. 즉 '대단원의 막을 내리다'와 '대미를 장식하다'가 합쳐지고 변형되어 만들어진 표현이 바로 '대막을 장식하다'입니다.

'대막을 장식하다'는 언론 보도에서 통용되긴 하지만 어법에 맞지 않는 표현입니다. 아직은 일탈과 규범 사이 어디쯤에 있다고 할 수 있습니다.

'국가 안위가 위태롭다'는 우스운 표현

우리말에는 이처럼 규범에서 일탈한 표현이 꽤 많습니다. 정상적 어법에 맞지 않는다는 점에서 아직은 자리 잡지 못하고 방황하는 말이라고 할 수 있습니다. 말의 정확한 구조를 모르고 대충 들은 대로 쓰다 보면 비논리적 표현의 함정에 빠지기 십상입니다. 정치권에서 흔히 '국가 안위가 위태롭다'라는 말을 합니다. '국민의 안위를 위해 노력한다'라고도 합니다. 모두 온전한 표현이 아닙니다.

'안위(安危)'는 '편안함과 위태함'을 아울러 이르는 말입니다. '국가의 안위를 걱정하다', '가족의 안위를 돌보다/살피다'처럼 쓰는 게 전형적인 어법입니다. 서술어에 주목해야 합니다. 안위가 '편안함과 위태로움'을 동시에 뜻하기 때문에 '안위가 위태롭다/흔들리다'라거나 '안위를 지키다'라고는 말하지 않습니다.

'국가/국민의 안위를 위해 노력한다'는 어떨까요? 역시 잘못된 표현입니다. '국가의 안위를 걱정하다/살피다', '국가 안위가 걸려 있다'라고 해야 자연스럽습니다. '가족의 안위를 돌보다/노모의 안위를 묻다'처럼 말하는 것도 가능합니다.

그러면 '개인의 안위에는 관심도 없다' 같은 말은 어떨까요? 우리말에는 '안위(安危)' 말고 또 다른 '안위(安慰)'가 있습니다. 후자는 '몸을 편안하게 하고 마음을 위로함'이란 뜻입니다. 이때 는 '이 한 몸 안위를 위해', '집안의 안위를 지키려고'처럼 씁니다. 편안함과 위로를 추구하는 것은 지극히 사사로운 일이라 '일신의 안위', '일가의 안위'는 가능하지만 같은 의미에서 '국가의 안위'라고 하면 어색합니다. 국가와 결부해 '안위'를 쓸 때는 '安慰'가 아니라 '安危'로 써야 자연스럽습니다.

이처럼 우리말의 속살을 깊이 들여다보는 까닭은 글쓰기에서 '자연스러운 표현'이 중요하기 때문입니다. 정확한 단어를 선택해야 그 자연스러움을 더하고 의미를 제대로 전달할 수 있습니다. 반면에 이를 거스르면 문장의 흐름이 어색해지고 글의 세련된 맛이 떨어지게 됩니다.

- ✔ **대미: 어떤 일의 마지막을 인상적으로 마무리함**
  - ▶ 예: 대미를 장식하다 (O), 대미를 내리다 (X)

- ✔ **대단원: 이야기나 사건이 모두 정리되는 마지막 국면**
  - ▶ 예: 대단원의 막을 내리다 (O), 대단원을 장식하다 (X)

- ✔ **대막: '대단원의 막'에서 줄여 쓴 변형(사전에 없는 표현)**
  - ▶ 예: 대막을 장식하다 (X), 대막을 내리다 (X)

- ✔ **안위: 편안함과 위태로움을 함께 이르는 말**
  - ▶ 예: 국가의 안위를 걱정하다 (O), 국가의 안위가 위태롭다 (X)

'피식민지'가 말이 안 되는 이유

겹말이 만들어낸 어색한 문장

혹시 '피식민지'라는 말을 들어보셨나요? 식민 지배를 받는 처지이니 '당할 피(被)' 자를 붙이는 것이 자연스럽게 느껴질지도 모릅니다. 하지만 국어사전을 펼쳐 '식민지'라는 단어를 찾아보면 흥미로운 사실을 발견하게 됩니다. 국어사전에선 '식민지(植民地)'를 이렇게 풀이하고 있습니다.

식민지 [명사]

정치적·경제적으로 다른 나라에 예속되어 국가로서의 주권

126

이미 '식민지'라는 단어 자체에 '피지배'의 의미가 충분히 녹
아 있어 '피식민지'라는 말은 성립하기 어려운 조합입니다.

- <u>피식민지인 팔레스타인 사람들에게도</u> 왜곡된 다양한 정서가 스며
  있다.

그러니 여기서 팔레스타인은 '피식민지'가 아니라 '식민지'입
니다. 역전(驛前)이 '역전앞'이 되는 것처럼, 어쩌면 우리는 의미
를 강조하려다 오히려 언어를 과잉 소비하고 있는 건지도 모릅
니다.

사라진 국권의 자리,
'지(地)'에 담긴 뼈아픈 함의

식민지에 대응하는 말은 '식민국(植民國)'입니다. '식민지를 가진
나라'라는 뜻입니다. 우리는 일제강점기 때 일본의 '식민지'였습

니다. 일본은 '식민국'이었습니다. 나라를 잃었기에 '나라 국(國)' 자를 못 쓰고 '식민지(地)'라고 부릅니다. 국권을 상실한 곳, 즉 국가가 존재하지 않는 곳입니다.

그럼 '피식민지'는 무엇일까요? 틀린 말입니다. '식민지'가 바른 말인데, 여기에 '피(被)-'를 붙여 '그것을 당함'이란 말을 덧칠 했습니다. 아마도 의미를 확실히 드러내고 싶은 마음에서 비롯된 '심리적 일탈'일 것입니다. 요즘 우리말 교육이 제대로 안 되어 있다는 방증이기도 합니다. 우리말에서 '피(被)-'는 '그것을 당함' 의 뜻을 더하는 접두어입니다. 고용인과 피고용인, 상속인과 피 상속인, 선거권과 피선거권, 수식어와 피수식어, 정복과 피정복, 지배와 피지배 같은 용례에서 알 수 있듯이 능동의 의미를 피동 의 의미로 바꿔주는 역할을 합니다.

언어는 과학적이고 논리적입니다. 말의 구성에 과학과 논리가 담겼다는 뜻입니다. '점령지와 피점령지'는 말이 되는데, '식민지 와 피식민지'는 말이 안 됩니다. 요즘은 이 둘의 관계를 구별하 는 사람이 많지 않은 것 같습니다. 우리말 '피(被)-'의 용법을 자 꾸 잃어가는 것입니다.

또한 '식민국'이 있기 때문에 그 속국을 '피식민국'으로 표현 하면 될지 모른다고 생각할 수도 있습니다. 하지만 이 역시 어불 성설입니다. '피식민국'이 성립하지 않는 이유가 있습니다. 주권 을 잃어 이미 국가가 아닌데, '피식민국'은 자가당착에 빠지는 표 현이기 때문입니다. 그저 '식민지'일 뿐이고 그리 말하는 것으로 충분합니다.

하지만 어찌된 일인지 국립국어원의 〈우리말샘〉에는 '피식민지'라는 말이 올라 있습니다. 우리말 접두어 '피-'의 용법이 자꾸 왜곡되어가고 있다는 방증입니다.

우리말을 정교하고 섬세하게 쓰려면

가령 요즘 '상속인'과 '피상속인'을 구별할 줄 아는 사람이 얼마나 될까요? 그렇다고 이 말이 어쩌다 쓰이는 이른바 '고급어휘'도 아닙니다. 서울 아파트 평균 가격이 15억 원에 이른다는 요즘은 누구나 상속세를 생각해야 하는 시대입니다. 우리가 늘 화제로 삼는, 일상의 말이라는 뜻입니다.

하지만 정작 상속인(재산이나 기타의 것을 물려받는 사람)과 피상속인(재산 등 자기의 권리, 의무를 물려주는 사람)을 구별해 쓰는 이는 드뭅니다. 심지어 반대로 알고 있는 경우도 흔합니다. 접두어 '피-'의 용법을 모르기 때문이지요.

영어에서 'nominator'와 'nominee'를 구분하듯이 우리말에서도 '지명자'와 '피지명자'를 구별합니다. 하지만 《표준국어대사전》은 이를 무시하고 그저 한 묶음으로 '지명자'로 쓸 수 있게 해놓았습니다. '내정자'도 마찬가지입니다. 언어를 대하는 태도가 정교하고 섬세하지 못합니다. 이런 세태는 자칫 우리말의 퇴

행으로 이어질 수도 있으므로 조심해야 합니다.

⁉️ 키포인트

✔ 상속인: 재산을 물려받은 사람

✔ 피상속인: 재산을 물려주는 사람

3장

자주 쓰지만 매번 헷갈리는 말

하늘의 별을 딸까,
하늘에 별을 딸까

'의'와 '에'

가수 황가람이 리메이크해 '국민 위로곡'으로 사랑받은 〈나는 반딧불〉이라는 노래가 있습니다. 소박하면서도 진솔한 가사가 많은 이의 마음을 울리지만, 정작 노래를 흥얼거리다 보면 고개를 갸웃하게 되는 지점이 있습니다.

- 나는 내가 빛나는 별인 줄 알았어요/한 번도 의심한 적 없었죠/몰랐어요 난 내가 벌레라는 것을/… 밤하늘의 별들이 반딧불이 돼버렸지… 그래도 괜찮아 난 빛날 테니까.

바로 '밤하늘의 별들이 반딧불이 돼버렸지'라는 구절입니다. 아마 많은 사람이 이 대목을 '밤하늘에 별들이~'로 읽었을 것입니다. 실제 말소리에서는 '의'와 '에'가 구별 없이 발음되는 경우가 많기 때문입니다.

'하늘의 별따기'도 마찬가지입니다. 무엇을 얻거나 성취하기가 몹시 어려움을 비유적으로 이르는 말로, 일상에서 자주 쓰이지만, 막상 글로 쓰려고 하면 '하늘의 별'인지 '하늘에 별'인지 헷갈리는 사람이 많습니다.

'-의'가 맞을까, '-에'가 맞을까

결론부터 말하면 '하늘의 별'이 올바른 표기입니다. 이를 발음에 이끌려 '-에'로 적는 경우가 흔합니다. 조사 '-의'가 맞느냐 '-에'가 맞느냐에 따른 사소한 차이인 듯하지만, 글쓰기에서 의외로 고민에 빠지게 하는 요소입니다. 우리말에 이런 유형의 표현이 꽤 있습니다.

'나무랄 데 없이 훌륭하거나 좋은 것에 있는 사소한 흠'을 이르는 말은 무엇일까요? 옥의 티? 옥에 티? '옥에 티'가 바른 표현입니다. '눈앞에 닥친 절박한 일이나 어려운 일'을 뜻하는 말은 '발등의 불'일까요, '발등에 불'일까요? '발등의 불'이 맞습니다.

'발등의 불'로 적고 [발등에 불]로 읽어

둘을 구분하는 게 어려운 까닭은 '-의'와 '-에'를 구별하는 일정한 규칙이 없기 때문입니다. 대부분 오랜 세월을 거치면서 형태가 굳어진 관용구입니다. 그러다가 관용구가 보편성까지 갖추면 드디어 단어로 분류되어 정식으로 표제어가 됩니다. 한 단어로 처리되어 사전에 실린 말로 대표적인 게 '별의별', '반의반'입니다.

'별'은 '보통과 다르게 두드러지거나 특별한'이라는 뜻을 나타내는 말입니다. '나누다', '다르다'라는 뜻을 지닌 한자어 '별(別)'이 그 정체입니다. 흔히 '별 볼 일 없다'라고 하는데, 이는 하찮다는 뜻을 나타내는 관용구입니다. 이를 간혹 하늘의 별을 볼 일이 없다는 의미인 줄 아는 사람도 있는데, 하늘의 별이 아니라 한자어 '별(別)'에서 온 말입니다. 이 '별'을 반복해 '별별'이라 해서 의미를 강조해 쓰기도 합니다. 그 사이에 '-의'를 넣어 연결한 '별의별' 역시 같은 뜻입니다. 원래는 '별의 별', 즉 구(句)의 형태로 띄어 쓰던 말이었는데 하도 많이 쓰다 보니 한 단어로 굳어졌습니다.

'하늘의 별 따기'를 비롯해 '발등의 불', '그림의 떡', '새 발의 피', '천만의 말씀'은 모두 관용구로 굳어진 표현입니다. 이들을 자칫 '하늘에 별 따기'라거나 '발등에 불' 식으로 '-의'를 '-에'로 잘못 적는 데는 그만한 까닭이 있습니다. 말할 때는 '-의'를 [-에]로 발음하기 때문에 그것에 이끌린 결과입니다. 이런 발음법은 규범상으로도 허용되어 있습니다. 왜 그럴까요?

실제로 발음해보면 '의'를 [에]로 읽는 게 편하다는 것을 알 수 있습니다. '의'는 이중모음이고, '에'는 단모음이기 때문입니다. 이를 반영해 표준발음법에서도 조사 '의'는 억지로 [의] 발음에 얽매이지 않고 [에]로 발음하는 것도 허용했습니다. 물론 본래 발음인 [의]로 읽는 것도 당연히 인정됩니다. 따라서 "우리의 소원은 통일"이라고 노래할 때 억지로 [우리의]라고 발음하지 않고 자연스럽게 [우리에]라고 해도 괜찮습니다.

⁉️ **키포인트**

에(X)	➜ 의(O)	의(X)	➜ 에(O)
발등에 불	발등의 불	눈의 가시	눈엣가시
그림에 떡	그림의 떡	만의 하나	만에 하나
새 발에 피	새 발의 피	열의 아홉	열에 아홉
천만에 말씀	천만의 말씀	개밥의 도토리	개밥에 도토리

일상의 쓰임과
사전의 정의가 충돌할 때

'두텁다'와 '두껍다'

말에도 유행이 있고, 시대에 따라 그 쓰임이 변하곤 합니다. 최근 복지나 지원 대책을 설명할 때 수식어처럼 따라붙는 표현이 있습니다. 바로 '더 두텁게'입니다.

● 지원금을 더 넓게, 더 두텁게

'두텁다/두껍다'는 일상에서 늘 쓰는 말이라 누구에게나 익숙합니다. 하지만 막상 따져보면 쓰임새가 꽤 까다롭습니다. 우선 '더 두텁게'라는 표현은 지원금을 어떻게 준다는 것인지, 뜻이 얼른 와닿지 않습니다. 아마도 지원하는 액수를 넉넉하게, 많이 준다는 의미인 것 같습니다. 그렇다고 그 자리를 '두껍게'로 대체할 수 있을까요? '두텁게' 지원하는 것도 모호한데, '두껍게' 지원한다는 것은 아예 어색하기까지 합니다.

사전이 말하는 '두텁다'의 뜻

'두텁다'는 신의, 믿음, 관계, 인정 따위가 굳고 깊다는 뜻으로 쓰입니다. '두터운 신뢰' 같은 게 대표적 사례입니다. 《표준국어대사전》에 따르면 '두텁다'는 이런 정신적이고 추상적인 개념에 한정되어 쓰입니다. 쓰임새가 매우 제한적이지요.

그러다 보니 언어 현실과 자주 충돌합니다. '더 두텁게'가 '더 두껍게'로 바뀐 배경이기도 합니다. 돈을 더 많이 주겠다는 뜻으로 '두텁게'보다는 '두껍게'가 적절하다고 판단했을 것입니다.

《표준국어대사전》은 '두텁다'에 비해 '두껍다'를 더 폭넓게 쓸 수 있게 해놓았습니다.

두껍다 [형용사]

① **두께가 보통의 정도보다 크다**

▶ 예: 두꺼운 이불/두꺼운 책/두꺼운 입술

② 층을 이루는 사물의 높이나 집단의 규모가 보통의 정도
보다 크다

▶ 예: 고객층이 두껍다/지지층이 두껍다

③ 어둠이나 안개, 그늘 따위가 짙다

▶ 예: 두꺼운 그늘/안개가 두껍게 깔렸다/어둠이 대지
위에 두껍게 깔려 있었다

말뜻과 실제 쓰임이 다를 때

하지만 ③에 대해서는 실제 쓰임과 거리가 있다고 느끼는 사람이 많은 것 같습니다. 그보다는 '두터운 그늘/안개(또는 어둠)가 두텁게 깔렸다'라고 하는 게 더 자연스럽지 않을까요?

사실은 이런 경우 '짙은 그늘/안개가 짙게 깔렸다'처럼 '짙다'를 쓰는 게 자연스럽고 익숙한 표현입니다. 하지만 자칫 초점에서 멀어질 수 있으니 일단 '짙다'를 쓰는 문제는 논외로 치겠습니다.

용법 ② 역시 동의하지 않는 사람이 많을 것입니다. 보통 우리는 눈으로 두께를 가늠할 수 있는 대상에는 '두껍다'를, 우정 같은 추상적 의미에는 '두텁다'를 쓴다고 배웠습니다.

고객층이나 지지층은 물리적 두께를 따질 수 없는 추상적 개념입니다. '고객층/지지층이 두껍다'가 어색하게 느껴지는 까닭

은 여기에 있습니다.

이쯤 되면《표준국어대사전》의 '두텁다'와 '두껍다' 풀이를 손 봐야 할지 모르겠습니다. 그래야 '두텁게 지원한다' 대신에 무리하게 '두껍게 지원한다'로 쓰는 일을 막을 수 있을 것 같습니다.

다만 사전 풀이를 바꾸지 않는 한 학교에서 배우는 문법에서는 '두껍게 지원한다'가 바른 표현임을 염두에 둬야 합니다.

 **키포인트**

✔ **두텁다: 신뢰·관계처럼 눈에 보이지 않는 대상**
   ▶ 예: 두터운 신뢰, 두터운 인정

✔ **두껍다: 두께나 규모를 떠올릴 수 있는 대상**
   ▶ 예: 두꺼운 이불, 두꺼운 책, 지지층이 두껍다

'이전'과 '전'

'이전(以前)/이후(以後)'와 '전/후'는 엄연히 다른 말입니다. 가령 "그는 2025년 이후 새벽 운동을 시작했다"라는 말에서 '2025년 이후'는 2025년부터라는 뜻일까요? 아니면 2026년부터를 뜻하는 것일까요?

이전/이후는 '기준이 되는 때를 포함해' 말하는 것입니다. 그러니 당연히 2025년부터 했다는 뜻입니다. 이에 비해 '전/후'는 기준이 되는 때를 포함하지 않습니다. '2025년 후'라고 하면 2026년부터를 가리킵니다.

별것 아닌 것 같지만 '이전/이후'와 '전/후'의 차이에 대한 이해는 글쓰기에서 매우 중요합니다. 정확하고 논리적인 글을 지향한다는 점에서 그렇습니다. 신문을 비롯해 인터넷에는 다음과 같은 식의 문장이 수두룩합니다.

- **통계청이 발표한 '2018년 1월 고용 동향'을 보면 실업자는 102만 명으로 1년 전보다 1만 2000명 늘었다. 1월 기준으로 <u>2010년(121만 8000명) 이후</u> 가장 높은 수치다.**

2010년 이후라고 하면 2010년 수치를 포함하는 것이므로 가장 높은 게 아닙니다. 즉 '2010년(121만 8000명) 이후 두 번째로 높은 수치다'라고 해야 정확한 표현입니다. 또는 '2010년 후 가장 높은 수치다'라고 써도 됩니다.

- **양도세가 중과되는 지역의 다주택자라면 <u>4월 이전</u>에 부담부증여를 하는 게 유리하다.**

'이전'의 정확한 의미를 모르는 상태에서 이런 안내를 들었다고 해볼까요?

이 설명대로라면 4월 이전, 즉 4월까지 증여하면 양도세 중과를 면할 수 있다는 뜻이 됩니다. 하지만 실제 의도가 3월까지라면 '4월 전'이라고 써야 오해가 없습니다. '이전'과 '전'이 가져오는 중대한 차이입니다.

같은 방식으로 '4월 이후 중과'는 4월부터, '4월 후 중과'는 4월을 넘긴 시점, 즉 5월부터를 말합니다. 무려 한 달이나 차이가 납니다. 단 한 글자로 인한 차이가 이렇게 크다는 것을 알 수 있습니다.

글을 쓸 때는 이런 정교한 구별이 필요합니다. 속담에 "아 해 다르고 어 해 다르다"는 말이 괜히 생긴 게 아닙니다. 우리말의 발전, 나아가 논리적·합리적 사고의 바탕이 되기 때문입니다.

⁉ 키포인트

✔ 이전/이후: 기준 시점 포함

✔ 전/후: 기준 시점 미포함

글의 품격을 좌우하는 단어 선택

'밝히다'와 '발표하다'

글을 세련되게 다듬기 위해서는 표현 하나하나가 격식에 맞아야 합니다. 수많은 단어 중 단 하나의 단어를 골라 의미에 맞게, 맥락에 맞게 써야 합니다. 그에 따라 글의 품격이 좌우됩니다. 올바른 서술어의 선택은 그중 하나입니다.

특히 '밝히다/발표하다/설명하다'는 헷갈리기 쉬운 말입니다. 이들을 문맥에 따라 잘 구별해 써야 합니다.

- 정부는 코로나19 치료제 중 일부는 올해 말 출시될 수 있다고 <u>설명</u>했다.

- 그는 (쓰레기 처리와 관련해) 주민과 유학생 간 다툼이 자주 일어난다고 <u>설명했다</u>.

별생각 없이 읽으면 이런 문장에서 오류를 찾기란 쉽지 않습니다. 하지만 '정교한 단어 선택'이란 잣대로 보면 거슬리는 데가 있을 것입니다. '설명했다'가 그것이지요.

'설명하다'는 '내용을 상대편이 잘 알 수 있도록 밝혀 말할 때' 쓰는 말입니다. '인사 원칙을 설명하다', '컴퓨터 사용법을 설명하다' 같은 게 전형적 용법입니다. 그런데 예문에서는 설명한 게 없는데 '설명하다'라고 쓰고 있어 글이 어색해졌습니다. 대신에 '말했다'를 쓰면 무난합니다.

새로운 사실을 알릴 때 쓰는 '밝히다'

같은 맥락에서 '밝히다'와 '발표하다'를 구별하는 기준을 알아두면 글을 쓸 때 유용합니다. 각각의 의미와 용법을 잘 알고 있는데도 막상 글에서는 섞어 쓰는 실수를 저지릅니다.

- 김정은은 ○○○ 대통령에게 '남조선 당국자가 사태 발전의 위험성을 깨닫고 하루빨리 바른 자세를 되찾기 바란다'고 <u>밝혔다</u>.

‘밝히다’는 ‘알려지지 않은 새로운 사실이나 생각을 드러낼 때’ 씁니다. 예문에서는 새롭게 드러난 내용이 없는데 상투적으로 ‘밝혔다’를 쓰는 오류를 범했습니다. 보편적으로 쓰는 ‘말했다’ 정도가 좋고, ‘주장했다’를 써도 됩니다.

‘주장하다’의 사전적 풀이는 “자신의 의견이나 생각을 굳게 내세우다”이지만, 현실 용법은 ‘사실(fact)’의 옳고 그름과 상관없이 일방적으로 펼친다는 어감을 주는 말입니다. 가치를 담은 말이라 남발하면 안 됩니다.

새로운 사실인가, 공개 자료인가

‘발표하다’는 어떤 사실이나 결과 등을 공식적으로 드러내 알릴 때 씁니다. ‘밝히다’와 다른 점은 말 그대로 보도자료 등 발표 기사에서 쓴다는 게 핵심입니다. 이와 달리 글쓴이가 직접 취재한 내용이라면 ‘밝히다’를 써야 합니다. ‘밝히다’와 ‘발표하다’를 가르는 기준은 취재 기사냐 발표 기사냐입니다.

‘설명하다/밝히다/발표하다’는 특히 신문 기사에서 자주 등장하는 말입니다. 그렇다고 단순히 서술어 반복을 피하려고, 또는 객관적·중립적 표현을 사용한다는 명목으로 이들을 섞어 써서는 안 됩니다. 의미에 맞게 구별해 써야 한다는 것이지요.

정리하면, 설명하는 내용이 있을 때 ‘설명했다’라고 하고, 새로

밝힌 사실이 있을 때 '밝혔다'를 씁니다. '발표했다'는 공개적으로 발표한 것일 때에 한해 씁니다. 이들을 대신해 두루 쓸 수 있는, 가장 보편적인 말은 '말했다'입니다.

> ⁉️ **키포인트**
>
> ✔ 객관적인 사실을 전할 때: 말하다
>
> ✔ 알기 쉽게 풀어낼 때: 설명하다
>
> ✔ 새로운 사실을 드러낼 때: 밝히다
>
> ✔ 공식 자료를 공개할 때: 발표하다

'라면'의 변신은 무죄?

'-라면'과 '-다면'

같은 문장일지라도 누군가에게는 아주 자연스럽게 느껴지지만, 또 다른 누군가에게는 왠지 모를 어색함에 고개를 갸웃거리게 하는 경우가 있습니다. 이런 미묘한 차이는 어디에서 오는 것일까요?

- 지금껏 환자를 조기 발견하고 격리하는 방식의 방역 전략을 '취했다면' 이제는 재택근무 등으로 사람 간 거리를 넓혀 코로나19의 확산 속도를 늦춰야 한다.

이 문장에서 눈여겨볼 단어는 '취했다면'입니다. 최근 들어 '-라면/-다면'의 쓰임새가 전과 다른 양상을 보입니다. 이들은 원래 '어떤 사실을 가정해 조건으로 삼는 뜻'을 나타냅니다.

- 내가 너라면 그런 일은 하지 않겠다.
- 네가 그 꼴을 보았다면 아마 기절했을 것이다.

《표준국어대사전》에서 제시한 용례입니다. 그런데 앞의 '취했다면' 문장을 비롯해 다음 예문들은 이들과 좀 다릅니다.

- 그동안 우리 경제가 성장에 중점을 둬왔다면 이제는 분배에 신경을 써야 할 때다.
- 유럽 축구가 힘을 바탕으로 한다면 남미 축구는 기교를 중시한다.
- 20세기 제조업 혁신 모델이 포드자동차의 컨베이어 시스템이라면 서비스 혁신은 맥도날드가 시발점이었다.

한국인이 느끼는 이 문장의 자연스러움은 어느 정도일까요? 만약 어색하게 느낀다면 사전적 어법에 익숙한 사람입니다. 반면에 별문제가 없다고 느낀다면 현실 언어에 길들여져 있는 사람입니다.

'-라면/-다면' 용법의 핵심은 '가정적 조건'을 나타내는 데 있습니다. 하지만 요즘은 예문처럼 실제 일어난 사실에도 씁니다.

어색함은 여기에서 비롯됩니다. 의미적으로는 앞의 절(이미 일어난 사실)과 뒤의 절(현재 일어나는 또는 향후 일어날 일)을 비교하는 구문입니다.

코로나19 사태에서 초기 방역은 이미 '취해진' 것입니다. 가정하는 상황이 아닙니다. 앞의 예문들 역시 실현된 사실을 다루고 있습니다. 전통적 용법이라면 각각을 '취했지만', '-둬왔는데', '-하는 데 비해', '시스템이지만' 정도로 쓸 것입니다.

이미 일어난 일을 비교하는
'-라면'과 '-다면'

'-라면/-다면'의 쓰임새는 역사적으로 확장되어왔습니다. 《조선말 큰사전》에서는 '-라면/-다면'을 '-라고 하면/-다고 하면'의 준말로 봤습니다. 그렇다면 '-면'의 용법을 규명하는 게 핵심입니다. 《조선말 큰사전》만 해도 '-면'을 받침 없는 어간에 붙어 가설적 조건을 나타내는 표현으로 풀었습니다. "봄이 오면 꽃이 핀다/키가 크면 속이 없다"에 쓰인 '-면'이 그 예입니다.

이후 사전마다 풀이와 용례가 세분화되고 풍부해졌을 뿐 그 근간은 변하지 않았습니다. 《우리말 큰사전》(한글학회)을 비롯해 《연세 한국어사전》, 《표준국어대사전》(국립국어원), 《고려대 한국어대사전》 등이 모두 그렇습니다.

'뒤의 사실이 실현되기 위한 단순한 근거 따위를 나타내는 데' 쓰이는 등 용법이 확장되었으나 이 역시 요즘 쓰이는 '-라면/-다면'의 비교 용법과는 차이가 있습니다.

많은 사람이 이상하게 느끼지 않고 자연스럽게 받아들인다는 것은 그만큼 이 용법이 광범위하게 쓰인다는 뜻입니다. 하지만 사전 풀이로는 설명이 안 됩니다. 아직은 비(非)규범적 표현으로 봐야 한다는 얘기입니다. 이미 일상생활에서 활발하게 쓰이고 있다면 사전 풀이를 보완하는 것도 검토할 만합니다. 그래야 혼란을 줄일 수 있습니다.

 **키포인트**

✔ **-라면: 명사 뒤**
▶ 예: 내가 부자라면, 내일이 휴일이라면

✔ **-다면: 동사/형용사 뒤**
▶ 예: 내일 쉰다면, 내가 돈이 많다면

여름 날씨를 표현하는 우리말의 묘미

'무더위'와 '강더위'

여름이 되면 습도가 높아 숨이 턱 막히는 날이 있는가 하면, 정수리가 타들어갈 듯 햇볕이 강하게 내리쬐는 날도 있습니다. 이처럼 변화무쌍한 여름의 얼굴을 우리말은 참으로 다양하게 그려냅니다.

무더위, 폭염, 폭서, 삼복더위, 불볕더위, 찜통더위, 가마솥더위…. 모두 한여름의 푹푹 찌는 더위를 나타내는 말입니다. 이 중 폭염(暴炎)과 폭서(暴暑)는 한자어이고 나머지는 순우리말 합성어입니다. 예전에는 폭염, 폭서라는 말을 자주 썼는데 요즘은 찜통더위 등 순우리말을 쓰는 경우가 많은 것 같습니다. 무더위의 강도를 실감나게 표현해줄 더 센 말을 찾게 되고, 여기에 제격인 게 앞에서 예로 든 순우리말 표현이 아닐까 합니다. 이런 데서도 우리 몸에 익은 고유어가 한자어 등 다른 어떤 말보다 친근하고 설득력이 있다는 게 드러납니다.

물과 관련 있음을 뜻하는 말, '무'

그중 우리가 들여다볼 말은 '무더위'입니다. 이 말은 '물+더위'의 결합입니다. 일상생활에서 쓰는 말 가운데 '물'과 어울려 만들어진 게 꽤 많습니다. 무사마귀, 무살, 무소, 무서리, 무쇠, 무수리, 무자맥질, 무좀, 무지개 등등. 모두 '물'과 합성된 단어입니다.

이 중 '무지개'가 재미있습니다. 무지개는 옛말에서 '물+지게'인데, 이때 '지게'는 등에 짐을 질 때 쓰는 그 지게가 아닙니다. 이는 '문(門)'을 뜻하는 말이었습니다. 그러니 무지개는 곧 '비가 만들어낸, 하늘로 통하는 문'이라는 뜻입니다. 우리 조상들이 실체만큼이나 멋들어진 말을 붙여 그 아름다움을 표현했다는 게 느껴집니다.

무더위가 '물'과 관련 있음을 알았으니 이제 이 말의 정확한 의미를 알 수 있습니다. 무더위는 물기를 머금은 더위, 즉 습도와 온도가 높아 끈끈하게 더운 것을 말합니다. 장마 속 습한 바람과 함께 오는 끈적한 더위가 무더위입니다. 같은 말로 '찜통더위'

가 있습니다. 무더위를 나타내는 형용사가 '후텁지근하다'입니다.
불쾌할 정도로 끈끈하고 무더운 기운이 있다는 뜻이지요.

물기 없이 더운 것은 '강더위'

이에 비해 오랫동안 비도 없이 볕만 내리쬐는 심한 더위를 가리
켜 '강더위'라 합니다. 이때의 '강-'은 한자말 '강(強)'이 아니라 순
우리말입니다. '마른' 또는 '물기가 없는'의 뜻을 더하는 접두사
이지요.

이런 뜻의 '강'이 들어가는 말로는 강기침('마른기침'을 일상적
으로 이르는 말), 강밥(국이나 반찬도 없이 먹는 밥), 강울음(눈물 없
이 우는 울음) 등이 있습니다. '눈도 오지 않고 바람도 불지 않으
면서 몹시 매운 추위'를 이르는 '강추위'도 있습니다. 그런데 사
람들이 이런 '강추위'의 원래 뜻을 모르고 그저 눈이 있건 말건
'몹시 심한 추위'를 가리킬 때도 '강추위'라고 말합니다.

《표준국어대사전》이 이를 반영해 새로 만들어 올린 한자말이
'강(強)추위'입니다. 그리고 고유어 '강추위'와 구별하기 위해 '눈이
오고 매운바람이 부는 심한 추위'라는 풀이를 달았습니다.

그러면 고유어 '강더위'와 구별하기 위해 비가 오면서 매우 심
한 더위를 가리키는 '강(強)더위'라는 말을 만들어야 할까요? 다
행히 우리말에는 이미 '무더위'가 있어서 그럴 필요는 없을 것

같습니다.

글쓰기의 시작은 적절한 단어 선택에 있습니다. 의미에 맞는 단어를 찾는 힘이 곧 글쓰기 능력을 좌우한다고 해도 지나치지 않지요. 몹시 심한 더위라도 단어마다 뉘앙스와 그 쓰임새가 다르다는 것이 우리말의 묘미가 아닌가 생각합니다.

습도가 높아 후텁지근하게 더울 때는 무더위와 찜통더위가 제격입니다. 이에 비해 물기도 없이 볕만 쨍쨍 내리쬘 땐 강더위나 불볕더위라고 하는 게 딱입니다.

✔ **습할 땐 '무더위' (물+더위)**
- ▶ 특징: 습도가 높아 끈적하고 후텁지근한 더위
- ▶ 동의어: 찜통더위
- ▶ 유래: '물'이 합쳐진 말(예: 무지개, 무좀)

✔ **건조할 땐 '강더위' (강+더위)**
- ▶ 특징: 물기 없이 볕만 내리쬐는 메마른 심한 더위
- ▶ 동의어: 불볕더위
- ▶ 유래: '마른', '물기 없는' 뜻의 순우리말 접두사 '강-'

동사가 어색할 땐
목적어를 확인하라
'우선하다'와 '우선시하다'

다음 문장을 읽다 보면 걸리는 데가 있습니다. 분명 뜻은 통하는데, 어딘가 매끄럽지 않은 느낌이 들지요.

- 의대 교수들의 피로도가 높아지며 근무 시간을 주 52시간으로 단축하는 등 의료 현장의 혼란이 지속하고 있다.

이 문장이 어색한 까닭은 동사 '지속하다'를 잘못 썼기 때문입니다. 의외로 흔히 저지르는 실수입니다.

'지속하다'는 타동사입니다. 타동사란 동작의 대상인 목적어를 필요로 하는 동사를 말합니다. 혼자 쓰이지 않고 언제나 목적어를 단짝처럼 데리고 다닙니다. '관계를 지속하다/경제성장을 지속하다/선수생활을 지속하다'처럼 '-를 지속하다' 꼴로 쓰지요. 그런데 예문에서는 '지속하다'를 마치 자동사인 것처럼 썼습니다. 자동사란 동사가 나타내는 동작이나 작용이 주어에만 미치는 동사를 말합니다. 즉 타동사와 달리 목적어가 필요 없는 동사이지요. '꽃이 피다'의 '피다', '해가 솟다'의 '솟다' 같은 게 자동사입니다. 자동사-타동사의 구별은 자연스럽게 체득하는 것이라 굳이 따로 외울 필요도 없습니다.

목적어가 있을 때와 없을 때

문장을 만들다 보면 타동사를 목적어 없이, 즉 자동사처럼 써야 할 때가 있습니다. 이때는 '-하다'의 자리에 '-되다'를 써서 단어를 피동의 의미로 바꿔줍니다. 앞의 예문의 경우는 '혼란이 지속되다'로 변형해 쓰면 됩니다.

- 기업 규제가 점점 강화하면서 한국이 투자처로서의 매력을 잃어가고 있다.

이제 어디가 잘못되었는지 눈에 들어올 것입니다. '강화하다'

는 '-를 강화하다'처럼 쓰니 타동사입니다. 여기서는 '규제'가 주어이고 목적어가 없는 문장이므로 '강화하면서'를 피동형 '강화되면서'라고 하면 됩니다.

반대로 자동사를 타동사처럼 써서 문장의 흐름을 부자연스럽게 만드는 오류도 흔합니다.

- 국가인권위원회는 ○○당이 강행 처리를 예고한 '언론중재법' 개정안에 대해 <u>언론자유를 위축할</u> 우려가 있다'며 법안 수정을 요구했다.

'언론자유를 위축할'에서 흐름이 끊깁니다. '위축하다'는 자동사이기 때문입니다. 늘 '-가 위축하다' 꼴로 쓰입니다. 여기서는 목적어가 있어서 타동사(또는 사동사)가 필요한 상황입니다. 즉 '언론자유를 위축하게 할'이라는 문맥입니다. 이때 '-하게 하다'에 해당하는 것이 접미사 '-시키다'입니다. '언론자유를 위축시킬'이라고 해야 자연스러운 표현입니다.

'우선'과 '우선시' 어떻게 구별할까

자동사를 타동사처럼 써서 문장이 어색해지는 경우를 더 살펴볼까요? 우리말 '우선'에는 두 가지가 있습니다. 하나는 '어떤 일에

앞서서. 아쉬운 대로'라는 뜻으로 쓰이는 말로 한자어 '우선(于先)'
입니다. "우선 이만하면 떠날 준비가 다 되었다"처럼 쓰입니다. 여
기에서 '우선'은 부사입니다. 우리가 글쓰기에서 조심해야 할 점은
이와 또 다른 한자어 '우선(優先)'을 구별하는 일입니다.

- 이 집은 매사가 아들 <u>우선</u>이다.
- <u>우선적으로</u> 지원한다.

이때의 '우선(優先)'은 명사입니다. "딴 것에 앞서 특별하게 대
우함"이라는 뜻입니다. 여기에 접미사 '-하다'를 붙여 동사(우선
하다)를 만드는데, 이때 '우선하다'는 자동사라 'A가 -에 우선하
다' 꼴로 쓰입니다. '학벌보다 능력이 우선하는 사회'가 그 예입
니다. 이를 타동사로 써야 할 문맥이 있는데, 이때는 '우선시하
다'를 써야 합니다.

- 그는 학벌보다 능력을 <u>우선시한다</u>.

실제로 글을 쓸 때는 이런 차이를 놓치기 십상입니다. 다음
문장을 통해 실전연습을 해볼까요?

- 한국 외교에서 국익을 <u>최우선하는</u> 자세가 절실합니다. (X)
- 한국 외교에서 국익을 <u>최우선으로 하는</u> 자세가 절실합니다. (O)

- 한국 외교에서 국익을 <u>최우선시하는</u> 자세가 절실합니다. (O)

타동사를 필요로 하는 문맥이므로 '국익을 최우선으로 하는'이라고 하든지 '국익을 최우선시하는'이라고 해야 바른 문장이 됩니다. 또 다른 예문을 살펴보겠습니다.

- ○○시의 조치는 주민 편익과 지역 경제를 <u>우선한</u> 용기 있는 결정이라는 평가를 받았다.

앞서 이야기한 것처럼 '우선하다'는 자동사입니다. '능력과 실력이 우선하는 사회'처럼 씁니다. '우선시하다'는 타동사로, '능력과 실력을 우선시하는 사회'로 구별됩니다. 이 예문에서는 타동사가 필요하므로 '우선시한'이라고 해야 합니다.

 **키포인트**

✔ **목적어(-을/를)가 있으면: 우선시하다**
  ▶ 예: 국익을 우선시한다, 능력을 우선시한다

✔ **목적어(-을/를)가 없으면: 우선하다**
  ▶ 예: 능력이 학벌보다 우선한다

글로 쓰려면 헷갈리는 수의 세계

'열두째'와 '열둘째'

이번에는 헷갈리는 수의 세계로 들어가볼까요? 일상에서 숫자를 세는 일은 명확하고 자연스럽지만, 막상 그것을 문장으로 옮기려 하면 망설여질 때가 있지요. 특히 순서와 개수를 나타낼 때 미묘한 맞춤법 차이는 우리를 종종 혼란에 빠트리곤 합니다. 다음의 두 문장을 비교해볼까요?

- 왼쪽에서 (열두째/열둘째)에 있는 사람이 나야.
- 이번 시험은 만점자가 많군. 이 답안지가 벌써 (열두째/열둘째)야.

괄호 안의 말이 똑같아 보이나요, 아니면 서로 다르다고 생각하나요? 두 예문에 쓰인 '열두째'와 '열둘째'는 엄연히 구별되는 개념입니다. 답부터 말하자면 첫 문장은 '열두째', 둘째 문장은 '열둘째'라고 해야 합니다.

'열두째'는 차례, '열둘째'는 수량

'열두째'는 맨 처음에서 열두 번째라는 뜻입니다. 차례, 순서를 말합니다. '위에서 열두째 줄을 읽어보아라'처럼 씁니다. 이에 비해 '열둘째'는 열두 개째라는 뜻입니다. 주로 수량을 나타내는 말로 지금까지 모두 해서 몇 개째임을 말합니다. '이 라인에서 발견된 불량품이 오늘만 벌써 열둘째다' 식으로 씁니다.

말은 시간이 흐름에 따라 발음이 달라지거나 줄어들어 형태에 변화를 일으키기도 합니다. 이를테면 예전엔 '두째, 세째'와 '둘째, 셋째'를 구별해 썼습니다. '두째, 세째'는 차례를 나타낼 때, '둘째, 셋째'는 수량이나 개수를 나타낼 때 썼습니다. 하지만 언어 현실에서 이 같은 구별이 쉽지 않고 다소 인위적인 측면도 있어 이를 '둘째, 셋째'로 통합했습니다(네째/넷째도 넷째로 통일). 따라서 지금은 '둘째, 셋째, 넷째'가 차례와 수량을 아울러 이르는 말로 쓰입니다. 바꿔 말하면 우리말에 '두째, 세째, 네째' 같은 말은 없어졌다는 얘기입니다.

하지만 예외가 있습니다. 십 단위 이상에서는 '열두째, 스물두째, 서른두째' 같은 말을 씁니다. 번째, 즉 차례를 나타낼 때 이렇게 씁니다. 이는 우리가 말을 할 때 받침 'ㄹ'이 탈락하는 현상을 반영한 것입니다. 이런 현상은 오래전부터 있어왔습니다. 1957년에 완간된 《조선말 큰사전》(한글학회)에 이미 '열두째'란 표현이 보입니다.

이와 대비해 몇 개째(수량)라는 의미로 쓸 때는 애초 통일한 취지를 살려 '열둘째, 스물둘째, 서른둘째' 식으로 구별해 적습니다.

발음이 표기를 이끈 표현들

앞에서 첫째, 둘째, 셋째 등에서는 순서(차례)인지 수량(개째)인지 불문하고 첫째, 둘째, 셋째로 통일했다고 했습니다. 그런데 순서가 첫 번째나 두 번째쯤 되는 차례를 아울러 나타낼 때 '한두째'라고 하지, '한둘째'라고 하지 않습니다. 이 역시 현실 발음에서 받침 'ㄹ'이 탈락하므로 이를 받아들인 것입니다. 예를 들어 다음과 같이 사용합니다.

- 극장에서 **한두째** 줄에 앉아 영화를 봤더니 목이 뻐근하다.

마찬가지로 순서가 두 번째나 세 번째쯤 되는 차례를 나타내는 말은 '두세째'입니다. '두셋째'는 틀린 표기입니다.

세 번째나 네 번째쯤 되는 차례는 어떻게 적을까요? '서너째'와 '세네째' 사이에서 고민이 될 것입니다. 우리말에 '세네'라는 말이 없다는 점을 떠올리면 됩니다. 설령 그것을 모르더라도 우리가 '서너 명', '서너 개'라는 말을 자주 쓰는 것을 생각하면 어렵지 않게 '서너'를 고를 수 있습니다. 이는 한국인이라면 직관적으로 알 수 있을 것입니다.

우리말에는 이처럼 정밀한 구별을 요구하는 단어가 수도 없이 많습니다. 별것 아닌 거 같지만 의외로 글쓰기에서 신경이 쓰이고 간단치 않습니다. 하지만 따지다 보면 재미있기도 합니다. 개념을 정교하게 나누고 그에 따라 용어의 쓰임새를 달리하는 것은 '우리말의 과학화'를 위해서도 필요한 노력입니다.

⁉ 키포인트

✔ **열두째: 순서·차례를 말할 때**
  ▶ 예: 왼쪽에서 열두째야

✔ **열둘째: 수량을 셀 때**
  ▶ 예: 만점 답안지가 열둘째야

먼지는 털어야 하나, 떨어야 하나

'털다'와 '떨다'

언론에서 많이 쓰는 표현 중에 '먼지털이식 수사'가 있습니다. 검찰의 수사 행태를 비유적으로 꼬집은 말이지요. 검찰에서 수사 성과를 내기 위해 범죄 혐의가 있는 사람을 샅샅이 뒤진다는 뜻을 담고 있습니다. 무심코 넘기는 경우가 많지만 엄밀하게 말하면 잘못된 표현입니다.

먼지털이식 수사에서 '털이'는 동사 '털다'를 명사형으로 바꿔 쓴 말입니다. 그런데 '털다'의 명사형으로 '털기'도 있습니다. 무엇을 쓰느냐에 따라 '말이 되는지'가 결정되므로 이 역시 따져봐야 합니다.

- 옷의 먼지를 (<u>털다</u>/떨다).
- 담뱃재를 (털다/<u>떨다</u>).
- 그는 모자 위에 쌓인 눈을 (<u>털어냈다</u>/떨어냈다).

'털다'와 '떨다'의 차이부터 살펴볼까요? '털이'는 동사 '털다'에서 온 말입니다. '털다'의 사전 풀이는 '달려 있는 것, 붙어 있는 것 따위가 떨어지게 흔들거나 치거나 하다'입니다.

《표준국어대사전》에는 '이불을 털다/먼지 묻은 옷을 털다/노인은 곰방대를 털며 이야기를 시작했다' 등의 용례가 실려 있습니다. 이 세 가지 용례에는 공통점이 있습니다. '털다'는 어떤 몸체에 달려 있는 무언가를 떨어지게 하기 위해 그 몸체를 흔드는 것이라는 점입니다. 즉 '털다'의 대상이 먼지가 아니라, 그 먼지가 묻은 옷이나 모자 따위라는 것을 알 수 있습니다.

이에 비해 '떨다'는 "달려 있거나 붙어 있는 것을 쳐서 떼어내다"라는 뜻입니다.

그러니 위 예문에서는 모두 '떨다'가 맞는 말입니다. 즉 몸체에 '달려 있는 것'을 흔들어 떼어내는 게 바로 '떨다'입니다. 그러니 먼지는 '터는' 게 아니라 '떠는' 것입니다. 예컨대 옷이나 이불은 '털다'이고, 재나 먼지는 '떨다'입니다. 두 말을 사용해 용례를 제시하면 이렇게 됩니다.

- 옷을 털어 먼지를 <u>떨어내다</u>.
- 담뱃대를 털어 담뱃재를 <u>떨다</u>.
- 쓰고 있던 모자를 털어 쌓인 눈을 <u>떨었다</u>.

따라서 '먼지털이식 수사'는 틀린 말이고, '먼지떨이식 수사'라고 해야 그나마 바른말에 가까워집니다. 마찬가지로 '재털이'가 아니라 '재떨이'라고 해야 맞습니다.

동작을 나타날 때는 '떨기'

이제 '떨이'와 '떨기'에 대해 알아볼까요? 결론부터 말하면 '먼지떨이식 수사'도 불완전한 말입니다. '-이'는 '사물'의 뜻을 더하는 접미사입니다. 재떨이, 옷걸이, 목걸이 같은 것을 생각하면 됩니다. 동사에 접미사가 붙어 명사가 되었으니 품사 자체가 바뀌었습니다. 마찬가지로 '먼지떨이'는 먼지나 재를 떠는 도구입니다.

'-기'는 용언 어간에 붙어 그 말이 명사 구실을 하게 하는 어미입니다. 이를 '명사형 어미'라고 부릅니다. '밥을 빨리 먹기', '하루에 한 시간 운동하기', '밤늦게 공부하기가 너무 힘들다' 등에 쓰인 '-기'가 다 명사형 어미입니다. 이런 말은 단어가 아니기 때문에 사전에 나오지 않습니다. 얼마든지 만들어 쓸 수 있습니다.

따라서 먼지나 재를 떠는 행위를 나타내는 말은 '먼지떨기'가 됩니다. '-이'와 '-기'가 쓰인 예를 들어보면, 때를 미는 사람은 때밀이, 때를 미는 행위는 때밀기입니다. 마찬가지로 옷을 거는 도구는 옷걸이, 옷을 거는 행위는 옷걸기가 되고 손톱을 깎는 도구는 손톱깎이, 손톱을 깎는 행위는 손톱깎기입니다.

'먼지떨이식 수사'에서 '-식'은 '방식'의 뜻을 더하는 접미사입니다. 그러니 도구(사물)인 '먼지떨이'에 붙는 것은 어색합니다. 행위(동작)를 나타내는 '먼지떨기'에 붙을 때 자연스럽습니다.

정리하면 '먼지털이식 수사', '먼지털기식 수사', '먼지떨이식 수사'는 다 이치에 맞지 않은 말입니다. '먼지떨기식 수사'라고 해야 바른말이 됩니다.

키포인트

✔ **털다: 몸체를 흔들다**
▶ 예: 옷을 털다, 이불을 털다, 모자를 털다

✔ **떨다: 붙어 있던 것을 떨어뜨리다**
▶ 예: 먼지를 떨다, 재를 떨다, 눈을 떨다

✔ **-이: 도구·사물**
▶ 예: 재떨이, 옷걸이, 손톱깎이

✔ **-기: 동작·행위**
▶ 예: 재떨기, 옷걸기, 손톱깎기

고급 언어생활자를 위한 인과관계 표현

'이로 인해'와 '이에 따라'

좋은 글과 평범한 글의 차이는 아주 사소한 연결어 하나에서도 갈립니다. 연결어가 정확하지 않으면 인과관계에 모순이 생기고 결국 글의 설득력도 힘을 잃고 맙니다.

다음 문장은 흔히 볼 수 있는 기사의 한 대목입니다. 얼핏 보면 매끄러워 보이지만, 문장의 논리적인 인과관계를 따져보면 어딘가 어색한 부분이 있습니다. 한번 살펴볼까요?

- 정부가 세금 부담이 크게 늘어나는 임대소득 연 2000만 원 이하 수십만 은퇴 생활자의 세 부담을 원안보다 70~90%가량 낮추는 방

안을 추진한다. <u>이로 인해</u> 월 100만 원의 임대소득을 올리는 은퇴자의 세 부담은 원안(92만 원)에서 80% 가까이 줄어든 연 17만 원으로 대폭 낮아진다.

이 문장에서 주목할 만한 표현은 '이로 인해'입니다. 이 말이 어색합니다. 결론부터 말하면 '이에 따라'가 좀 더 적합합니다. '이로 인해'와 '이에 따라'는 의미가 다르기 때문에 이 둘을 구별해 써야 고급 한국어 구사가 가능합니다.

'이로 인해'는 '이로 말미암아'라는 뜻

'이로 인해'와 '이에 따라'는 비슷해 보이지만, 논리적 쓰임새에서 차이가 있습니다. 우선 '이로 인해'는 '이로 말미암아'라는 뜻입니다. '말미암다'는 '어떤 현상이나 사물 따위가 원인이나 이유가 되다'라는 뜻이지요. '정치적 음모로 말미암아 사건이 파국으로 치달았다', '대도시에서 스모그로 말미암아 많은 시민이 사망했다'처럼 씁니다.

여기서 '-로 말미암아' 대신에 '때문에'를 써도 됩니다. 즉 '이로 인해'는 '어떤 현상이나 사실로 말미암아'라는 뜻으로 글의 전개에서 원인이나 이유가 분명하게 드러날 때 쓰는 말입니다.

- 불면으로 <u>인해</u> 얼굴이 초췌해졌다.
- 장마로 <u>인해</u> 농작물 피해가 크다.

위의 예문에서는 '-로 인해' 대신에 '-에 따라'를 넣으면 어색합니다. 한자어 '이로 인해' 대신에 순우리말 '이로 말미암아', '이 때문에'를 잘 활용하면 글을 쓸 때 더 풍성하고 매끄러운 표현을 구사할 수 있습니다.

'이에 따라'는 더불어 일어나는 것

'이에 따라'는 인과관계의 결속력이 약합니다. 앞뒤 문장이 인과관계라기보다 동어반복에 가깝습니다.

이 용법을 알기 위해서는 동사 '따르다'를 먼저 이해해야 합니다. '-에 따르다' 꼴로 쓰이는 이 말은 '-와 더불어 일어나다'와 '-에 의거하다'라는 두 가지 의미가 있습니다. "개발에 따른 공해 문제", "증시가 회복됨에 따라 경제도 활력이 커졌다"에서 쓰인 '따르다'는 '더불어 일어나다'라는 의미입니다.

순우리말 '더불다'가 같이하거나 동시에 일어나는 것을 가리킵니다. '따르다'의 특징은 '인하다'와 달리 인과관계가 그리 명료하지 않다는 점입니다. '개발과 공해', '증시 회복과 경제 활력'은 '원인-결과'로 나타나기보다 더불어 일어나는 것에 가깝습니다.

이제 맨 처음 예문에서 '이로 인해'가 왜 어색한지 이해할 수 있을 것입니다. 요점만 추리면 "정부는 세 부담을 낮추는 방안을 추진한다. 세 부담은 A에서 B로 낮아진다"입니다. 이때 앞뒤 문장이 원인-결과로 읽히면 '이로 인해'로 연결하면 됩니다. 하지만 그보다는 두 문장이 같은 말의 변형된 형태로 보입니다. 세 부담이 낮아지는 게 어떤 이유나 원인에 의해서라기보다 정부의 움직임과 더불어 일어나는 것으로 읽히기 때문입니다. 그러니 '이에 따라'로 써야 자연스럽습니다.

아래 예문은 반대로 '이로 인해'로 연결할 곳을 '이에 따라'로 연결한 경우입니다.

- 20여 년 가까이 우리나라는 장기 비전, 전략 없이 갈팡질팡하는 국가가 되었다. 이에 따라 국가의 대내외 대응력과 경쟁력이 저하되고 있다.

'장기 비전이 없는 것'과 '국가 경쟁력 저하' 사이에는 분명한 인과관계가 성립합니다. 그러니 여기야말로 '이에 따라'가 아니고 '이로 인해'를 써야 할 자리입니다. '이로 말미암아'라고 써도 됩니다.

동사 '따르다'는 이밖에 '사용 목적에 따른 분류', '법에 따라 일을 처리하다'처럼 '의거하다'라는 뜻으로도 쓰입니다. '의거하다'는 "어떤 사실이나 원리에 근거하다"라는 뜻입니다. 요즘도 옛날 말투로 '이에 의거해'라고 하는 이들이 있습니다. 이를 줄인 게 '이에 의해'입니다. 여기에 해당하는 순우리말이 '이에 따라'입니다.

✔ '때문에'로 바꿔도 자연스러우면: 이로 인해

✔ 앞말의 결과인 경우: 이에 따라

자주 헷갈리는 띄어쓰기

'3년만'과 '3년 만에'

'만'은 띄어쓰기에서 자주 헷갈리는 말 중 하나입니다. 지금 당장 메신저나 보고서에 '3년 만에 만났다'라고 써야 한다면, '3년만'과 '3년 만' 중 어떤 말을 써야 할까요?

- 3년만 기다려라.
- 3년 만에 만났다.

이를 구별하는 법은 명쾌합니다. 띄어 쓸 때의 '만'과 붙여 쓸 때의 '만'은 쓰임새가 확연히 다르기 때문입니다.

붙일까, 띄울까 '만'의 구별 기준

우선 시간의 경과를 나타내는 '만'이 있습니다. 이때는 앞에 기간이나 횟수가 나오는데, 이 경우엔 무조건 띄어 씁니다.

- 신제품은 개발에 들어간 지 <u>3년 만에</u> 만들어졌다.

이럴 때 '만'은 보통 '(-한 지) -만에' 꼴로 쓰입니다. '30분 만에 보고서를 썼다', '세 번 만에 시험에 합격했다'처럼, 얼마의 시간이 걸렸는지를 말합니다. 이때의 '만'은 예외 없이 띄어 써야 합니다.

반면에 '만'을 반드시 붙여 써야 하는 경우가 있습니다. 특정 대상만을 콕 짚거나, 정도를 강조하거나, 비교의 기준으로 쓸 때입니다.

- 그 사람<u>만</u> 왔다.
- 놀기<u>만</u> 한다.
- 이것은 저것<u>만</u> 못하다.

여기서 '만'은 모두 무엇을 강조하거나 어느 것에 한정하거나 비교하는 의미를 나타냅니다. 이때는 앞말에 붙여 씁니다. 같은 '만'이지만 '3년 만에 만났다'와 '3년만 기다려라'의 띄어쓰기가 다른 이유입니다. 이제 응용해볼까요?

- 집채만 한 파도
- 집채만한 파도
- 집채 만한 파도

이 중 맞는 것은 '집채만 한 파도'입니다. 여기서 '만'은 '-만 하다/못하다' 꼴로 쓰여 앞에서 말한 것과 크기나 정도를 비교하는 역할을 합니다. '형만 한 아우 없다'처럼 기준이 되는 말 뒤에 붙고 그다음 말을 띄어 씁니다.

다만 이 표현은 '주목할 만한 성과', '참을 만하다'처럼 쓰이는 '만'과 형태가 비슷해 헷갈리기 쉽습니다. 이 경우는 앞에서 말하는 만큼의 가치나 가능성이 있음을 나타내는 표현으로, 한 덩어리처럼 붙여 씁니다. 'ㄹ 만하다'라는 식으로 쓰인다는 점을 염두에 두면 구별하기 편합니다.

띄어 써도 되고 붙여 써도 되는 경우

띄어 써야 할지 붙여 써야 할지 헷갈리는 것 중 하나가 보조용언입니다. 보조용언이란 앞말(본용언)에 기대어 어떤 동작이나 상태의 의미를 덧붙여주는 말입니다. 예를 들어 '가다/보다/버리다'가 대표적입니다. 보조용언은 띄어 쓰는 것이 원칙이지만, 경우에 따라 붙여 쓰는 것도 허용됩니다.

첫째, 본용언의 '-아(어)' 활용형에 보조용언이 붙는 경우입니다. 예를 들어 '불이 꺼져 간다'라고 띄어 써도 되고, '불이 꺼져 간다'라고 붙여 써도 됩니다. 둘의 의미 차이는 없고, 표현이 얼마나 하나로 굳어졌느냐의 문제입니다. 가지다(책을 사가지고 왔다), 내다(이겨내다), 놓다(전세 끼고 집을 사놓았다), 대다(자꾸 먹어 댄다), 드리다(보여드리다), 바치다(일러바치다), 버리다(찢어버리다), 보다(읽어보아라), 빠지다(낡아빠진 사회주의 사상), 오다(날이 밝아온다), 주다(그 애를 때려주었다), 치우다(밥을 먹어치우다) 등이 있습니다.

둘째, '만하다'의 경우처럼 어떤 상태나 가능성을 덧붙여 말하는 표현도 마찬가지입니다. '듯하다/법하다/양하다/뻔하다/성싶다/척하다/체하다' 꼴로 된 말이 이에 속합니다. 이들 역시 띄어 쓰는 게 원칙이지만, 붙여 쓰는 것도 허용됩니다.

- 비가 올 듯하다(O) / 비가 올듯하다(O)

이처럼 의미 차이는 없으며, 글 전체의 리듬이나 표현 습관에 따라 띄어 써도 되고 붙여 써도 됩니다.

결국 '만'의 띄어쓰기는 뜻을 따져보면 자연스럽게 풀립니다. 시간이 얼마나 걸렸는지를 말할 때는 띄고, 대상을 한정하거나 정도를 나타낼 때는 붙인다고 기억해두면 됩니다. 헷갈릴 때는 '얼마 만에?'라고 물어볼 수 있는지, 아니면 '오직 그것만인가?'의 뜻이 되는지를 떠올려보면 답이 또렷해집니다. 별것 아닌 듯하지만, 이 작은 차이를 분명히 구별하는 것만으로도 문장의 신뢰도는 한층 높아집니다.

키포인트

✔ **시간·횟수의 경과를 나타낼 때: 띄어쓰기**
▶ 예: 3년 만에, 세 번 만에

✔ **한정하거나 비교하는 의미일 때: 붙여쓰기**
▶ 예: 너만 와라, 집채만 하다

외래어가 우리말이 되는 방식

'아이러니한' 것과 '아이로니컬한' 것

2023년 부산국제영화제 행사에서 배우 윤○○ 씨가 자신의 연기와 작품에 관한 생각을 털어놨습니다. 여기서 첫 문장에 쓰인 '아이러니하다'를 주목할 필요가 있습니다. 흔히 접하는 말이긴 해도 왠지 어색한 구석이 있기 때문입니다. 그런 거슬림은 어디에서 연유하는 것일까요?

- 인생 참 아이러니해요. 옛날엔 존경받고 싶었는데 아카데미상을 받은 뒤에 더 주의하면서 살고 있어요. 자유롭게 살고 싶은 내게 족쇄가 생긴 거죠.

다음 문장에도 비슷한 말이 보입니다. '아이로니컬하다.' 형태가 조금 다른 이 말은 비교적 자연스럽습니다.

- **'마약통'이라는 별명까지 얻으며 작년까지 검찰에 근무했던 그가 퇴임한 뒤 <u>아이로니컬하게</u> 마약 사범의 변호를 맡게 되었습니다.**

'아이러니하다'와 '아이로니컬하다'는 어떻게 다를까요?《표준국어대사전》은 '아이러니하다'(모순된 점이 있다)와 '아이로니컬하다'(아이러니의 속성이 있다)를 다 올려놓았습니다. 두 풀이를 보는 이들은 곤혹스럽습니다. 두 말의 차이를 구별하기가 쉽지 않기 때문입니다.

《표준국어대사전》에선 '아이러니하다'와 '아이로니컬하다'를 다른 말로 본 것 같습니다. 후자는 전자에 비해 '그런 느낌이 있다'는 뜻을 더하는 말로 풀이한 듯합니다. 하지만 이는 사실상 말장난에 지나지 않습니다. 실제 발화에서 그것을 구별해 쓰는 게 거의 불가능하기 때문입니다. 어감에 따라 두 말을 달리 쓰는 사람이 있을지 의문입니다.

이에 비해《고려대 한국어대사전》은 '아이로니컬하다'를 "일이나 상황이 예상 밖의 결과를 빚어 모순되고 부조화하다"로 풀이했습니다. 좀 더 현실적이고 피부에 와닿습니다.

《표준국어대사전》에서 두 말을 구별해 표제어로 올린 효과에 비해 우리말 조어법 훼손과 전통적 문법상의 혼란 및 부담이 더 커졌습니다. 우리말에 외래어가 들어와 동사나 형용사를 만들 때도 규칙이 있기 때문입니다. '외래어+하다'는 그중에서도 대표적인 조어 형태입니다. 이때의 접미사 '-하다'는 외래어와 결합해 우리말 어휘를 더욱 풍성하게 해주는, 생산성 높은 어휘입니다.

'명사+하다' 아닌 '형용사+하다' 꼴로

외래어와 합성해 새 말을 만들 때 아무 말과 어울리는 것은 아닙니다. 우선 접미사 '-하다'는 추상명사와 잘 결합하지 않습니다. '평화하다'라는 말이 없는 것을 생각하면 이해하기 쉽다. 대개는 동작성 또는 상태성 있는 말과 결합합니다. 그중에서도 형용사를 만드는 '-하다'는 어근에 '상태성' 있는 말이 와야 합니다. 로맨틱하다, 리얼하다, 섹시하다, 쇼킹하다, 스마트하다, 유머러스하다, 해피하다, 쿨하다 등등. 모두 '형용사+하다'가 결합된 형태입니다. '추상명사+하다' 꼴은 찾기 힘듭니다.

이런 조어법은 정식 문법으로 인정된 것은 아니지만 오랫동안 우리말에서 관용적 어법으로 굳어져 왔습니다.《표준국어대사전》에 오른 '외래어+하다' 형용사 24개 가운데 '명사+하다' 꼴은 '아이러니하다'가 유일합니다. 예전엔 그리 쓰지 않았는데, 1999년《표준국어대사전》이 나오면서 이 말이 튀어나왔습니다. 비슷한 형태의 말이 의미에 별 차이가 없고 그중 하나가 더 널리 쓰이면, 그 한 형태만을 표준어로 삼는다는 게 우리 표준어 사정원칙입니다. '아이러니하다'와 '아이로니컬하다' 역시 우리말 조어법에 맞춰 '아이로니컬하다'로 통일할 필요가 있습니다.

'-하다' 앞 명사(아이러니하다)와 형용사(아이로니컬하다)에 따라 표기가 '-러-', '-로-'로 다른 것도 눈여겨볼 만합니다. 《표준국어대사전》이 처음 나왔을 때는 '아이러니컬하다'였습니다. 2008년 개정판을 내놓으면서 웹사전으로 전환했으니 아마도 그때 표기가 바뀌었을 것입니다. 외래어 표기를 이렇게 따로 구별한 것도 국민을 불편하게 하는 일이지요. 표기의 이론적 측면은 학계나 연구 분야에서 학술적 관점에서 고려하면 됩니다. 외래어 표기는 한국인이 국어생활을 편하고 원활하게 하기 위한 것이 제1 목적입니다. 외래어표기법 해설에서 국립국어원이 스스로 밝히고 있는 기준이기도 합니다. 즉 '아이러니'라는 명사가 있으니 '아이러니컬하다'라는 형용사가 자연스럽습니다.

키포인트

✔ 외래어 조어법: '형용사' + -하다

✔ '아이러니(명사)+하다'보다 '아이로니컬(형용사)+하다'가
  더 자연스러운 우리말 구성

4장

알아두면
교양이 되는 말

노숙인은
이슬 맞고 자는 사람?
잘못 알기 쉬운 한자어

많은 사람이 '노숙인'이나 '노점상' 같은 말을 들으면 자연스럽게 '길'을 떠올립니다. 길에서 자고, 길가에서 장사하는 모습이 먼저 그려지기 때문입니다. 그래서 이 말들에 들어 있는 '노'의 한자도 '길 로(路)'라고 생각하기 쉽습니다. 과연 그럴까요?

- 노숙인: 길이나 공원 등지에서 한뎃잠을 자는 사람
- 노점상: 길가의 한데에 물건을 벌여 놓고 하는 장사
- 노천극장: 한데에 임시로 무대만 설치해 만든 극장

노숙인, 노점상, 노천극장의 풀이에 공통적으로 들어가는 말
이 있습니다. 바로 '한데'입니다.

'노'는 길이 아니라 이슬

'한데'는 주위를 둘러봐도 가리거나 덮을 게 아무것도 없는 곳
을 말합니다. 집 안이 아니라 집 바깥, 즉 노출된 공간을 뜻하지
요. 한자어로 하면 '노천(露天)'입니다. 노천극장, 노천카페, 노천
강당, 노천탕처럼 지붕 없이 드러난 공간을 가리킬 때 쓰입니다.
모두 한데에 만들어놓은 곳입니다. 여기서 놓치지 말아야 할 게
있습니다. '노'의 한자가 '이슬 로(露)'라는 점입니다. 한데에 있어
서 이슬을 맞고 하늘을 볼 수 있다는 뜻이 들어 있으니 절묘한
작법이지요.

'로(露)'는 뜻을 나타내는 '비 우(雨)'와 음을 나타내는 '길 로
(路)'가 더해져서 만들어졌습니다. 빗방울이 길 위에 얹혀 있다
는 뜻이니, 곧 이슬을 말합니다. 이슬은 한데와 연결되어 있어서
'드러내다, 나타내다'라는 의미로도 많이 쓰입니다. 노골적, 노출,
폭로, 탄로 등에 들어가는 노(로)는 모두 '이슬 로(露)' 자입니다.

노점상이나 노숙인이라고 하면 '길'을 떠올리는 것은 노점상
은 길거리에서 장사하고, 노숙인은 길에서 잠자는 사람이라는
인식 때문입니다.

하지만 노숙인은 길에서 자는 사람이 아니라 이슬 맞고 자는 사람이라는 데서 온 말입니다. 노숙(露宿)을 순우리말로 하면 한뎃잠입니다. 즉 한데서 자는 잠을 뜻합니다. 요즘은 노숙인을 두고 문전걸식(門前乞食: 이집 저집 돌아다니며 빌어먹는다는 뜻)이나 남부여대(男負女戴: 남자는 지고 여자는 인다는 뜻으로, 가난한 사람들이 집 없이 떠돌아다님을 비유) 같은 말을 쓰지는 않지만, 집 밖에서 지내며 고단한 삶을 이어간다는 점에서는 풍찬노숙(風餐露宿: 바람을 먹고 이슬에 잠잔다는 뜻)이라는 표현과 어울립니다.

'이슬 로(露)'가 담고 있는 삶의 모습

노점상도 마찬가지입니다. 길과 관련이 있기는 하지만 이는 현대인의 시각이 반영된 것일 뿐 이슬이 더 본질적인 뜻을 담고 있습니다. 노점은 점포 없이 한데에서 여는 가게를 의미합니다. 조선시대의 난전에 해당하는 말로, 가게를 갖춘 시전 상인과 달리 한데를 떠돌아다니며 좌판을 벌이던 모습을 떠올리면 이해하기 쉽습니다.

이렇듯 '이슬 로(露)'는 고단한 삶을 가리키는 말로 쓰이지만, 무언가를 드러낸다는 뜻으로도 쓰입니다. 이를 잘 보여주는 말이 '피로연(披露宴)'입니다.

결혼식 뒤에 열리는 잔치인 피로연에서의 '피로'는 피곤함을 뜻하는 피로(疲勞)가 아닙니다. 여기서의 '피로'는 '펴다, (끈을) 풀다'를 뜻하는 피(披)와 '드러내다'라는 의미의 로(露)가 어우러 져 '일반인에게 널리 드러내다'는 뜻입니다. 즉 결혼이나 출생 같 은 기쁜 일을 많은 사람에게 알리기 위해 베푸는 잔치가 피로연 입니다.

같은 '이슬'이 한편으로는 가려지지 않은 삶의 고단함을, 다른 한편으로는 숨김없이 드러냄을 뜻하는 셈입니다.

 **키포인트**

✔ 노숙인, 노점상, 노천의 '노'는 '길 로(路)'가 아닌 '이슬 로(露)'

✔ '이슬 로(露)'는 '고단한 삶'뿐만 아니라 '드러냄'을 의미
  ▶ 예: 피로연

'왕싸가지 밥맛'은 어디에서 유래했나

말뜻이 변화하는 과정

버릇이 없거나 예의범절을 모르는 사람을 가리켜 '싸가지'라고 합니다. "걔, 싸가지야", "이런 싸가지를 봤나?"처럼 쓰곤 합니다.

'싸가지'라는 것을 더욱더 강조할 때는 '왕싸가지'라고 하지요. 이때의 '왕-'은 왕가뭄, 왕고집처럼 '매우 심한'의 뜻을 더하는 말입니다. 하지만 왕싸가지는 아직 표준어로 인정된 말은 아닙니다. 일상에서는 쓰이지만, 공식적인 글에서 쓰기에는 규범에서 벗어난 부족한 표현이기 때문입니다.

'싸가지'는 '싹수'의 사투리입니다. 싹수는 '어떤 일이나 사람이 앞으로 잘될 것 같은 낌새나 징조'를 뜻하고요. '싹수가 있다/없다/보인다/틀렸다'처럼 쓰입니다.

"싹수(가) 노랗다"고 하면 '잘될 가능성이나 희망이 애초부터 보이지 않는다'는 뜻입니다. "싹수없다"라고 하면 '장래성이 없다'는 뜻으로 하는 말입니다.

그런데 "싸가지 없다"라고 하면 뜻이 달라집니다. 이때는 '버릇없이 아래위도 모른다'는 의미로 쓰입니다. '싹수 있다'와 '싸가지 있다'의 관계도 마찬가지입니다. 또 '싹수가 노랗다'는 말은 있어도 '싸가지가 노랗다'는 말은 없습니다. '싸가지'와 '노랗다'는 결합하지 않는 거죠. 결국 싸가지는 싹수의 방언이지만, 지금은 의미와 용법이 서로 달라진 셈이지요.

'싸가지'의 뜻은 어떻게 바뀌었나

싸가지는 예의범절 등 사람의 인격과 품성을 나타내는 말로 진화했다고 할 수 있습니다. 이제 사전에서도 이를 독립된 단어로 검토해볼 만하지 않을까 싶습니다.

"걔, 싸가지야" 대신 "걔, 싸가지 없어"라고 하는 게 온전한 표현입니다. "걔, 싸가지야"의 경우, 본래 함께 쓰이던 부정어가 생략되고 의인화된 '싸가지'라는 말만 남은 것입니다. 즉 '싸가지 없다'에서 '없다'가 생략되면서, 상대방을 깎아내리는 의미를 갖게 된 겁니다. 의미가 이동하는 과정이라고 볼 수 있지요. 비슷한 예가 더 있습니다.

- 그 사람 밥맛이야.
- 에이 얌통머리 같으니….
- 이런 채신머리하곤….

이 표현들 역시 본래는 '밥맛이 없다', '얌통머리가 없다', '채신머리가 없다'처럼 부정어와 함께 써야 뜻이 분명해지는 말들입니다. 지금은 부정어가 생략된 채 '싸가지'처럼 의미 이동 중인 말로 볼 수 있습니다. 하지만 아직은 어법적으로 인정받은 표현이 아닙니다. 말뜻은 통할 수 있어도, 글로 쓰기에는 형태와 의미를 모두 갖춘 표현이라고 보기 어렵습니다.

⁉️ 키포인트

✔ **'싸가지'는 '싹수'의 사투리: 앞으로 잘될 가능성을 말하는 표현**

▶ 예: "걔, 싸가지야!" (X), "걔, 싸가지가 없어!" (O)

《춘향전》의
이팔청춘과 열여섯

수를 다른 방식으로 풀어낸 말들

음력 열닷새째 날을 흔히 '보름'이라고 부릅니다. 우리 조상들은 이날을 '십오야'라고도 불렀습니다. 조선 중종 때 문신인 이행(1478~1534)이 지은 시조 〈팔월십오야(八月十五夜)〉(8월 보름날 밤에)가 전해옵니다. '십오야'가 오래전부터 써온 말임을 알 수 있습니다. 이 말은 특히 음력 8월 보름을 가리키기도 합니다. 추석 또는 한가위라고도 하는데, 이는 명절로 이르는 말입니다.

'십오야'는 1979년 혼성밴드 와일드캐츠가 같은 제목으로 부른 노래가 인기를 끌면서 대중에게 널리 알려졌습니다.

경쾌하고 빠른 템포가 흥을 돋우기 때문에 응원가로도 많이 불렸지요. 이 노래의 원곡은 가수 김상희가 불렀던 〈삼오야 밝은 달〉입니다. '십오야'를 '삼오야'라고도 부릅니다. '삼'과 '오'가 결합해 '십오'를 나타낸 것입니다. 우리말에는 이처럼 직접 수를 말하지 않고, 다른 방식으로 풀어낸 독특한 말이 꽤 있습니다.

'이팔청춘'이 열여섯을 뜻하는 이유

'이팔청춘'과 '과년'의 공통점은 무엇일까요? 모두 열여섯 살 무렵의 꽃다운 청춘을 뜻하는 말이라는 점입니다. 《춘향전》에서 이몽룡과 성춘향이 처음 만나는 장면에 이 표현이 나옵니다. 몽룡이 나이를 묻자, 춘향이 "십육 세"라고 대답하지요. 이에 몽룡은 "나와 동갑 이팔이라"라고 말합니다. '이팔'은 '여덟이 둘', 곧 열여섯을 뜻하는 말입니다. 유교 문화가 지배하던 시대에 이몽룡과 성춘향이 만나 사랑을 나눈 게 열여섯 살 무렵이니 파격적인 애정행각이었던 셈이지요.

과년(瓜年)은 '결혼하기에 적당한 여성의 나이'를 뜻합니다. "딸이 자라 어느덧 과년에 이르렀다"라고 말합니다. 그런데 뜬금없이 웬 '오이 과(瓜)' 자가 들어갔을까요? 과년은 '파과지년(破瓜之年)'에서 온 말인데, 여기서 과(瓜)는 모양상 '팔(八)'이 두 개 겹친 글자로 해석됩니다. 그래서 '이팔'과 함께 열여섯을 뜻하게 되었습니다.

‘세이레’와 ‘삼칠일’도 같은 방식으로 만들어진 말입니다. 세이 레는 ‘아기가 태어난 지 스무하루(21일)가 되는 날’을 뜻합니다. ‘이레’(7일)가 세 개라는 뜻입니다. 이를 그대로 풀어 ‘삼칠일’이라 고도 했습니다.

의학이나 위생 수준이 열악했던 옛날에는 면역력이 없는 갓난 아기가 외부와 접촉하는 것을 극히 조심했습니다. 그래서 아기가 태어난 뒤 세이레(21일) 동안은 대문에 특별한 장식을 달아 외부 인이 함부로 들어오지 못하게 했습니다. 이 새끼줄을 ‘금줄’이라 불렀습니다. 태어난 아이가 아들일 때는 금줄에 빨간 고추를 숯 과 함께 매달고, 딸일 때는 솔가지를 매달았습니다.

참고로 장을 담글 때, 병을 쫓고자 할 때, 신성한 공간임을 나 타내고자 할 때도 금줄을 달았다고 합니다. 요즘은 찾아보기 힘 든 풍습이지요. 하지만 그 안에 담긴 우리말은 지키고 보듬어야 할 대상입니다.

사십구재를 ‘칠칠재’라 한다는 것도 알아둘 만합니다. 사십구 재는 ‘사람이 죽은 지 49일 되는 날에 지내는 재’를 말합니다. 자 칫 ‘사십구제’로 적지 않도록 주의해야 합니다. ‘재(齋)’는 절에서 고인의 명복을 빌기 위해 올리는 공양을 뜻하는 말이고, ‘제(祭)’ 는 조상에게 지내는 제사를 가리킵니다. 발음은 한 끗 차이이지 만 뜻과 쓰임이 다르므로 구별해 써야 합니다.

✔ **삼오야: 3×5=15일**
  ▶ 보름밤

✔ **이팔청춘: 2×8=16세**
  ▶ 꽃다운 나이

✔ **세이레(삼칠일): 3×7=21일**
  ▶ 아기가 태어난 지 스무하루가 되는 날

✔ **칠칠재(사십구재): 7×7=49일**
  ▶ 사람이 죽은 지 49일 되는 날에 지내는 재

같은 시간도 표현에 따라
의미가 달라진다
시간의 흐름을 나타내는 말들

우리말에서 기간을 헤아리는 표현은 무척 다양합니다. 같은 기간인데 어느 때는 '3년 되었다'라고 하고, 어느 때는 '5년째'라고 말합니다. 숫자는 같은데 말이 달라지다 보니, 종종 소통에 오해가 일어납니다.

- 지난 6일 지진이 일어났으니 20일 현재 만 열나흘(14일)이 되었다.

이를 '지진이 발생한 지 열나흘 만'이라고 해도 되고, '지진 발생 열닷새째'라고 해도 무방합니다. 모두 시간이 얼마나 흘렀는지를 나타내는 우리말 표현입니다. 이처럼 시간의 경과를 나타 내는 표현으로는 '만'을 비롯해 '햇수'나 'O년째', 'O년 차', 'O주 년', 'O돌' 등이 있습니다.

시간을 나타내는 여러 가지 셈법

'만 나이', '서울에 온 지 만 5년이 지났다'에서 '만'은 한자어 '찰 만(滿)'입니다. 이때의 '만'은 '일정하게 정해진 기간이 꽉 참'을 이 릅니다.

가령 2024년 10월 8일에 태어난 아이는 2026년 10월 8일에 '만 두 살'이 됩니다. 이를 '두 돌' 혹은 '2주년(週年)'이라고 해도 뜻은 같습니다. 그런데 다음 문장의 '만'은 조금 다릅니다.

- 헤어진 지 <u>3년 만에</u> 다시 만났다.

이 문장에 쓰인 '만'은 같은 동안(기간)을 나타내긴 하지만, 한 자어가 아니라 순우리말입니다. 이 경우 '만'은 시기가 꽉 찬 것 을 이른다는 게 핵심입니다.

가령 어제 주가지수가 폭락했다가 오늘 반등했다면 '만 하루 가 되었다'고 할 수 있고, '하루 만에 반등했다'고 표현합니다. 이 를 자칫 '이틀 만에 반등했다'고 하면, 실제로 경과된 시간과 맞지 않습니다.

해가 바뀌는 횟수로 따지는 기간

'햇수로 5년'이라는 말은 '5년째'라는 뜻입니다. '햇수'는 말 그대로 '해의 수'입니다. 단순히 해가 몇 번 바뀌었는지만 따지는 표현입니다.

가령 2022년에 무언가를 시작했다면 2026년 현재 햇수로 5년이 됩니다. 실제 시간이 만 5년이 채 안 되었더라도, 해가 다섯 번에 걸쳐 바뀌었기 때문입니다. 그것을 두고 '5년째'라고도 합니다. "결혼한 지 3년 남짓한데, 햇수로는 5년째다"라는 말은 만 개념으로는 3년 언저리인데 햇수로 따지면 5년이 되었다는 뜻입니다. 이 점에서 '햇수', '-년째'는 세는나이와 같다는 것을 알 수 있습니다.

- 그는 입사 <u>5년</u> 차다.

이런 말도 흔히 씁니다. 우선 간단한 문법부터 짚어볼까요? 이때 쓰는 '차(次)'는 의존명사이므로, 띄어 써야 합니다. 그런데 실제 글쓰기에서는 이를 무시하고 붙여 쓰는 경우가 많으니 주의해야 합니다.

'차'는 두 가지 의미로 쓰입니다. 하나는 '횟수', '차례'의 뜻을 나타냅니다. 몇 번째라는 의미로, '제2차 세계대전', '선생님 댁을 수십 차 방문했다' 같은 게 그 예입니다.

또 하나는 일정한 기간을 나타내는 말 뒤에서 쓰이는데, 이때 용법이 까다롭습니다.

가령 '입사 3년 차'라고 하면 입사하고 얼마나 되었을 때 쓰는 말일까요? '임신 4주 차', '결혼 10년 차에 내 집을 장만했다'라는 표현도 많이 합니다. 여기에는 시간의 흐름, 즉 기간이 걸쳐 있어서 '만' 개념을 따져야 합니다.

주 단위를 따지는 '-주 차'부터 살피는 게 조금 수월합니다. 임신해서 첫 주를 1주 차라고 합니다. 임신 4주 차는 임신하고 4주에 접어든 날부터 5주째가 되기 전까지를 가리킵니다. 마찬가지로 '입사 1년 차'는 입사 1년에 해당하는 시기, 즉 입사한 날부터 만 1년이 되기 전까지의 기간을 나타냅니다. 입사한 지 만 1년이 되면 이때부터 2년 차이고, 다시 만 2년부터 만 3년이 되기 직전까지를 3년 차라고 합니다.

그럼 '결혼 10년 차'는 언제를 가리킬까요? 이는 결혼하고 만 9년이 된 뒤부터 만 10년 직전까지의 기간에 쓰는 말입니다. 만 10년이 되고부터, 즉 결혼기념일이 지나서는 결혼 11년 차가 됩니다. 햇수로 따지면 결혼기념일 이전·이후와 상관없이 그해에 결혼 11년째가 되는 셈이지요.

같은 시간이라도 어떻게 표현하느냐에 따라 의미가 달라집니다. 셈법의 차이를 알고 쓰면, 숫자 하나에도 말의 정확성이 살 아납니다.

 **키포인트**

✔ '만': 기간이 정확히 채워졌는지를 따지는 셈법

✔ '햇수', '-년째': 해가 몇 번 바뀌었는지를 따지는 방식

✔ '-년 차': 만 ○년이 되기 전까지의 기간을 가리키는 표현

육순과 환갑은 다르다

나이를 나타내는 표현

환갑 또는 회갑은 육십갑자가 한 바퀴 돌아 다시 처음으로 돌아온다는 뜻으로, 만 60세를 이르는 말입니다. 세는나이로는 예순한 살입니다. 육십갑자란 '갑, 을, 병, 정…'으로 나가는 십간과 '자, 축, 인, 묘…'로 꼽는 십이지를 순차적으로 배합해 늘어놓은 것을 말합니다.

태어난 해에 맞춰 '갑자년, 을축년…' 식으로 꼽다 보면 총 60가지가 되고, 61번째에 다시 갑자로 돌아온다고 해서 '환갑'이라고 합니다.

'번째'라는 것은 차례나 횟수를 나타내는 말입니다. 가령

2021년(신축년) 소띠로 태어난 사람은 2081년에 만 60세가 되면서 다시 신축년을 맞습니다. 태어난 해에 한 살이 되는 세는나이로는 61세, 즉 햇수로는 예순한 번째 해가 됩니다.

육순은 '세는나이 예순', 환갑은 '만 예순'

우리말에서 나이를 나타내는 표현은 대부분 세는나이 기준입니다. 만 나이가 아니라는 얘기입니다. 가령 나이를 뜻하는 별칭인 불혹(40세), 지천명(50세) 등을 굳이 만으로 따지자면 39세, 49세가 됩니다. 육순, 칠순도 마찬가지입니다. 세는나이로 60세, 70세를 가리키는데, 만으로는 59세, 69세입니다. 만 60세가 되면 비로소 환갑인데, 세는나이로는 61세에 해당합니다. 진갑은 세는나이 62세를 의미합니다.

우리 나이 예순을 '육순'이라고 하니까 이를 '환갑'과 같은 말로 착각하는 경우도 있습니다. 가령 1966년생이면 2026년에 만으로 예순, 즉 환갑입니다. 만 나이를 쓰는 신문에선 '○○○ 씨(60)'로 표기합니다. 이를 60에 이끌려 '육순'이라고 생각하면 안 됩니다. 세는나이인 육순은 작년에 지났습니다.

나이가 같은 사람을 '동갑내기'라고 하는데, 육십갑자를 알고 나면 말의 연원을 알기 쉽습니다. 동갑(同甲), 즉 육십갑자가 같으니 같은 나이를 이르는 말입니다. 그중 한 살 차이를 '어깨동갑' 또는 '자치동갑'이라고 합니다. 예부터 한 살 차이는 같은 나이로 봤다는 것을 알 수 있습니다. 어깨는 관용구 '어깨를 나란히 하다'에서처럼 '서로 비슷한 지위나 힘을 가지다'라는 뜻을 나타낼 때 쓰입니다. '어깨를 견주다(겨루다)'도 같은 뜻입니다. 자치동갑에서 '자치'는 한 자(약 30센티미터)쯤 되는 짧은 길이를 말하는데, 여기서 의미가 확장되어 한 살 정도 차이는 동갑이나 다름없이 보았음을 알 수 있습니다.

예전에는 육순, 환갑, 진갑만 되어도 오래 살았다고 해서 잔치를 벌여 축하하곤 했습니다. 하지만 평균수명이 늘어난 요즘은 환갑은 물론 칠순, 팔순에도 잔치를 하는 일이 드뭅니다. 그래서인지 나이를 가리키는 말에서도 시대의 변화를 엿볼 수 있습니다.

과거에는 지학(志學: 15세)을 비롯해 약관(弱冠: 20세), 이립(而立: 30세), 불혹(不惑: 40세), 지천명(知天命: 50세), 이순(耳順: 60세) 같은 말이 흔히 쓰였습니다.

지금은 고희(古稀: 70세)는 물론 망팔(望八: 71세), 희수(喜壽: 77세), 망구(望九: 81세), 미수(米壽: 88세), 망백(望百: 91세), 백수(白壽: 99세), 상수(上壽: 100세)까지 사는 일도 흔한 시대가 되었습니다. 평균수명이 늘어남에 따라 알아둬야 할 '나이를 가리키는 우리말' 목록도 달라지는 양상입니다.

- ✔ '순'이 붙으면 세는나이: 육순(60세), 칠순(70세), 팔순(80세)

- ✔ 불혹, 지천명도 세는나이: 불혹(40세), 지천명(50세)

- ✔ 환갑은 예외로 만 나이: 만 60세

한자말도
우리말의 소중한 자산

공문서에서 자주 보이는 '금명간'

경찰에서 한 연예인의 구속영장을 금명간 신청한다는 보도가 나온 뒤 '금명간'이라는 말이 주목을 받았습니다. 누리꾼에게 이 말이 생소했던 모양입니다.

우리말을 둘러싼 이런 관심은 두 가지 상반된 생각을 불러일으킵니다. 하나는 우리말에 대한 관심이 그만큼 커졌다는 것입니다. 반가운 일이지요. 하지만 다른 한편으로 '이런 말도 잘 모르나?' 하는 아쉬움도 있습니다. 우리말을 살찌우기 위한 언어 정책이 어디를 향해야 하는지를 다시 생각하게하는 사례입니다.

'금명간'은 사실 오래전부터 써온 말입니다. 하지만 어떤 연유에서든 지금은 공문서와 신문 기사에서나 쓰는 말이 되었습니다. 눈짓으로 가볍게 하는 인사인 '목례(目禮)'를 목으로 하는 인사인 줄 아는 게 요즘 우리말의 실태입니다. 왜 그렇게 되었을까요?

언어는 쓰이는 방향으로 움직인다

지렛대 원리를 이용해 못을 뽑는 도구를 흔히 '빠루'라고 부릅니다. 이 말은 사전에 등재된 표준어는 아닙니다. 영어로는 '크로바(crow-bar)'인데, 까마귀 발을 닮았다 해서 생긴 말입니다. 이걸 일본에서 뒤의 '바'만 따다 '바루(バ-ル)'라고 적었는데, 이 말이 한국에 들어오면서 '빠루'가 되었습니다. 원어에서 멀어져 왜곡된 형태로 굳어진 것입니다.

당연히 언어 순화의 칼날을 피해가지 못했습니다. 국립국어원은 이를 '노루발못뽑이'로 다듬었습니다. 하지만 이 역시 뿌리를 내리지 못했습니다. 지나치게 작위적으로 다듬은 탓일 것입니다. 결국 빠루는 사전에도 오르지 못하고 일상 언어에서도 멀어졌습니다. 의도적으로 다듬은 말이 사람들의 선택을 받지 못하면 이도 저도 안 된다는 것을 보여주는 사례입니다.

서양의 말이 일본을 통해 들어오면서 변형된 형태로 우리말에 안착한 게 수없이 많습니다. '낭만'도 그렇고 '백미러'도 다 오십보백보이지요. '독일'도 비껴가지 못합니다.

특히 '금명간'은 생각거리를 던져줍니다. 이 말은 한자어입니다. 한자 의식이 약해진 젊은 층에게는 어렵게 느껴질지 모르겠습니다.

'금명간'은 이제 금(今), 밝을 명(明), 사이 간(間)으로 '오늘이나 내일 사이'를 뜻하는 말입니다. '금일, 금년, 명일, 명년' 같은 단어에 이 한자말이 들어갑니다. 하지만 이보다는 '오늘, 올해, 내일, 내년'이 훨씬 더 많이 쓰입니다. 언어의 자유시장에서 선택된 결과이지요. 마찬가지로 '금명간'도 '곧'이나 '오늘내일', '이른 시일 안에' 등으로 쓰면 더 쉽습니다. 우리 입에 붙은 표현이라 말맛도 좋습니다.

하지만 함께 보듬어야 할 부분도 있습니다. 한자말도 우리말의 소중한 자산이란 점에서이지요. 한자말이라서, 또는 어렵다는 이유로 배척한다면 자칫 우리말 어휘가 빈약해질 수 있습니다.

키포인트

✔ 금명간: 오늘이나 내일 사이. 아주 가까운 시일 내.

100년 만에 되살아난 호칭어

'님'과 '임'의 차이

'님'과 '임'은 비슷해 보이지만 쓰임은 꽤 다릅니다. 현행 표준어에서 '님'의 쓰임새는 두 가지입니다. 하나는 사람의 성이나 이름 뒤에 붙여 그 사람을 높여 부르는 경우입니다. 요즘 은행이나 병원, 공공기관에서 손님을 '○○○ 님' 하고 부르는 게 그것입니다. 일부 대기업에서 수평적인 사내문화를 만들겠다며 도입한 '- 님' 호칭도 같은 것입니다. 이때의 '님'은 이름과 띄어 씁니다.

다른 하나는 이미 한 단어처럼 굳어진 표현에서 쓰이는 경우입니다. '선생님', '사장님'처럼 직함이나 지위 뒤에 붙어 자연스럽게 높임의 뜻을 더합니다. 또 대상을 인격화해서 높일 때도 씁니다. '해님, 달님, 별님' 하는 게 그것이지요. 이때 '님'은 접미사로 언제나 앞말에 붙여 씁니다.

단독으로 쓰이는 말은 따로 있습니다. '사모하는 사람'을 이르는 말 '임'이 그것입니다. 형태는 '님'과 비슷하지만 뜻도 다르고 품사도 명사입니다.

'임을 그리는 마음이 사무친다'처럼 씁니다. 한때 〈님을 위한 행진곡〉이라는 노래 제목이 〈임을 위한 행진곡〉으로 바뀐 배경이기도 합니다. 이후 이 노래는 원곡의 시적 표현을 고려해 다시 〈님을 위한 행진곡〉으로 바꿔 표기하는 추세입니다. 두 가지 일을 동시에 이루는 것을 비유적으로 이를 때 '님도 보고 뽕도 딴다'라고 하면 틀린 말입니다. '임도 보고 뽕도 딴다'라고 해야 맞습니다.

'내 님, 그 님' 할 때가 곤혹스럽습니다. 발음상으로는 분명히 님인데, 글로 쓸 때는 '내 임, 그 임'이라고 해야 합니다. '님'의 쓰임새를 좀 더 넓게 인정할 필요가 있지만, 현행 문법 안에서는 아직 아닙니다.

1957년에 완간된 《조선말 큰사전》에서도 '님'을 접미사, '임'을 명사로 구별했습니다. 간혹 '님'과 '임'을 같은 말로 착각하는 사람도 있습니다. 같은 단어인데 두음법칙에 의한 발음의 차이로 오해한 거지요. 그러나 '님'과 '임'은 고유어로, 두음법칙이 적용되는 말이 아닙니다.

100년 뒤 부활한 말, 언어의 변화

호칭어로 '님'을 사용한 선구자는 한글학자인 외솔 최현배 선생입니다. 그는 1920년대 중반 일본 교토대로 유학 갔을 때, 함께 공부하던 벗들을 '님'으로 불렀습니다. '김 형(兄), 이 공(公), 최 씨(氏)' 등 한자어를 사용하기 싫어 '김 님, 이 님, 최 님'이라고 부른 것이지요. 100년 전 외솔의 실험이 오늘날 되살아난 현실은 언어의 변천과 관련해 주목할 만합니다. 외솔은 '님'의 기능에 현행 문법과 달리 자립명사로 쓰이는 또 한 가지를 언급했습니다. 앞에서 지적한 사람을 다시 가리킬 때 성명을 빼고 '님'이라는 말로 가리킬 수 있다고 했습니다. 이 역시 수십 년 뒤 인터넷이 발달하면서 빛을 봤습니다. 채팅할 때 상대방을 '님!' 하고 부르는 게 그것이지요. 다만 현행 문법에서는 이를 수용하지 않기 때문에 지금으로선 틀린 표현이란 점을 알아둬야 합니다.

 **키포인트**

- ✔ '-님'은 혼자 쓰이지 못하고, 이름·직함 뒤에 붙여 쓰는 말

- ✔ 사람을 가리키는 단독 명사는 '님'이 아니라 '임'

- ✔ 온라인에서 널리 쓰이는 '님!' 호칭은 아직 표준어는 아님

한자어 '백(白)'이
만들어낸 우리말 가지들

'백서'와 '주인백'으로 보는 어원

'백서(白書)'의 사전적 풀이는 '정부가 정치, 외교, 경제 따위의 각 분야에 대하여 현상을 분석하고 미래를 전망하여 그 내용을 국민에게 알리기 위하여 만든 보고서'입니다. 교육 백서, 노동 백서, 외교 백서 등 수많은 백서가 있습니다. 언론 보도를 통해 비교적 널리 알려진 말이지만, '백서'는 본래부터 쓰던 우리말은 아니고 영어를 번역한 말입니다.

백서는 영국 정부가 특정 사안을 조사해 의회에 제출하던 보고서에서 유래했습니다. 당시 이 보고서의 표지가 하얀색이라 '화이트 페이퍼(white paper)'라 불렀는데, 이를 '흰 백(白), 글 서

(書)'로 직역한 게 백서입니다. 요즘은 민간 기업이나 연구소, 시민단체 등에서 특정 주제에 대해 분석한 결과를 내놓을 때도 '백서'라는 말을 사용합니다.

백서는 표지 색 'white'에서 온 말이긴 하지만, 의미적으로도 '낱낱이, 명백하게 밝힌다'는 뜻이 있습니다. 한자어 '백(白)'이 그런 의미를 담고 있지요. '희다'라는 뜻으로 많이 쓰이긴 하지만, '분명하다/깨끗하다/밝다/빛나다' 등의 의미도 있습니다.

자백, 고백을 비롯해 백미(白眉), 백색선전, 백일하, 백주대로, 백병전, 백일장, 백수건달, 백숙, 백안시, 백일몽 등이 모두 같은 뿌리에서 나온 단어입니다.

사람 인(人)과 결합한 백(伯)은 '맏이' 뜻

한자 白의 유래에 대해서는 여러 설이 분분합니다. 촛불의 불꽃이라거나 엄지손톱을 그린 것이라는 해석이 유력합니다. 껍질을 벗긴 쌀 또는 태양(日)이 뜰 때 비추는 햇빛으로 보기도 합니다. 그중에서도 엄지손가락은 '으뜸', '첫째'를 의미합니다. 그래서 '사람 인(人)'과 결합한 글자 '백(伯)'은 '맏이'를 뜻합니다. 큰아버지를 뜻하는 '백부(伯父)'가 그렇게 만들어졌습니다. 백부는 아버지의 형제들 가운데 맏이가 되는 형을 이르는 말입니다.

이에 비해 '중부(仲父)'는 아버지의 형제 가운데 둘째 되는 사람을 가리킵니다. '중(仲)'은 '버금, 중간'이라는 뜻을 가진 글자입니다. 많은 것 가운데 가장 뛰어난 것, 첫째가는 것이 '으뜸'이고, 으뜸의 바로 아래가 '버금'입니다. "실력이 그에 버금간다"라고 하면 그에 미치지는 못하지만 그 다음간다는 뜻입니다.

이보다 좀 더 널리 쓰이는 말이 '숙부(叔父)'입니다. '숙(叔)'이 아저씨를 뜻하는 말입니다. 아버지의 남동생, 즉 작은아버지를 가리킵니다. '아재비'라고도 하는데, 이는 아저씨의 낮춤말입니다. 백부는 큰아버지, 숙부는 작은아버지라고 기억하면 편합니다.

중부라는 말은 요즘 잘 안 쓰지만, '백중세' 또는 '백중지세'에 그 흔적이 남아 있습니다. '백중(伯仲)'은 앞서 살폈듯이 맏이와 둘째를 아울러 이르는 말입니다. 여기서 의미가 확장되어 재주나 실력 등이 서로 비슷하여 낫고 못함이 없음, 또는 그런 형세를 가리키는 말이 되었습니다. '난형난제'(누구를 형이라 하고 누구를 아우라 하기 어렵다는 뜻)와 같은 말이지요. "서로 실력이 백중하다"라는 말은 거기서 나왔습니다.

도로와 접한 부분이 없는 땅을 '맹지(盲地)'라고 합니다. 이와 비슷하게 농사가 안 되어 거둬들일 것이 없는 땅을 가리켜 '백지(白地)'라고 합니다. 이 말이 의미가 확대되어 '정해진 근거가 없는 상태'를 뜻하는 말이 되었습니다. 여기서 '백지(白地)어음, 백지(白地)수표' 같은 말이 파생되었습니다. 그런데 이를 '종이 지(紙)'를 쓰는 '백지(白紙)'로 잘못 알고 있는 경우가 많습니다. 이는 발행인이 어음이나 수표에 서명만 하고 그 밖의 요건은 나중에 소지인이 써넣을 수 있도록 비워둔 것을 말합니다. '백지(白紙)'와 결합한 말은 따로 있습니다. '백지(白紙)위임'이라 하면 조건을 붙이지 않고 모든 것을 맡긴다는 뜻입니다. '백지상태'는 어떤 대상에 대해 아무것도 모르는 상태를 나타냅니다.

'자백(自白), 고백(告白), 독백(獨白), 명백(明白)'이라는 말에도 '白'이 들어갑니다. 이때의 '백'은 '숨김없이 드러내다'를 뜻하는 말입니다. 관리소장백, 주인백 할 때도 같은 '白' 자입니다. 이때의 '-백(白)'은 (말하는 사람의 이름 뒤에 붙어) '말씀드리다'라는 뜻을 더하는 접미사입니다. '주인백'은 '주인이 말씀드립니다'라는 뜻이지요.

이처럼 우리말은 정겨운 고유어에다 풍성한 한자어가 더해져 어휘 체계를 이루고 있습니다. 말의 뿌리를 이해하고 분석적, 논리적으로 사용하려는 자세가 중요합니다. 요즘 커져가는 문해력 논란에 대처하기 위해서도 그렇습니다.

 **키포인트**

✔ **'백(白)'의 세 가지 주요 의미**
  ▶ 색깔: 흰색(예: 백색, 백설)
  ▶ 상태: 아무것도 없음(예: 백지위임, 백수건달)
  ▶ 행위: 숨김없이 말함(예: 백서, 고백, 자백, 주인백)

'인공지능'과 'AI'의 경쟁

언어의 효율성 vs 우리말 우선주의

"멀쩡한 한글을 두고 왜 자꾸 쓸데없이 외래어를 쓰느냐. 특히 공공영역에서 그러는 건 더 문제다." 이재명 대통령이 교육부 업무보고에서 우리말과 관련한 생각을 밝혀 화제가 되었습니다. 한자 교육과 언어 순화 문제를 비롯해 잘못 쓰이고 있는 표현과 외래어 남용 등에 대해서도 지적을 쏟아냈습니다. 업무보고를 받는 자리에서 대통령이 직접 거론했다는 점에서 향후 귀추가 주목됩니다. 공공기관의 우리말 오용이 어제오늘의 얘기가 아니기 때문입니다.

우리말에서 외래어 남용은 여러 측면에서 다뤄질 수 있는

데, 그중 하나가 영문 약어의 범람입니다. 최근 몇 년 간 '말 대(對) 말'의 세력 싸움이 치열한 사례로 '인공지능'과 'AI(artificial Intelligence)'를 꼽을 수 있습니다. 언어 사용에도 '효율성'이 작용해 보통은 영문 약어를 선호하는데, 이 경우에는 좀 특이합니다. 두 말의 세력이 서로 팽팽합니다.

언론의 지원을 받는 '인공지능'

그런 배경에는 몇 가지 이유가 있습니다. 우선 AI가 두 가지로 쓰인다는 점이 AI의 언어적 세력을 분산시키는 작용을 하는 듯합니다. '인공지능'과 '조류 인플루엔자(avian influenza)'가 그것이지요. 즉 'AI'와 '인공지능'이 경합 중인데, 거기에 '조류 인플루엔자'가 끼어든 셈이라 할 수 있습니다.

또 하나 '인공지능'이 힘을 받는 데는 언론의 강력한 지원이 있다는 점도 고려해봄 직합니다. 가령 '국제축구연맹(FIFA)' 같은 표기법을 볼까요? 언론에서 외래 고유 명칭을 쓸 때 통상 우리말 번역어를 병기하는데, 이는 온전히 독자 이해를 돕기 위해서입니다. 이때 영문 약어를 먼저 쓰지 않고 그에 해당하는 우리말을 먼저 적습니다. 즉 'FIFA(국제축구연맹)'가 아니라 '국제축구연맹(FIFA)'이라고 적는 것입니다. 이는 우리말 우선주의를 따른 결과로, 언론에서는 오래전부터 이런 전통이 관행처럼 굳어져왔습니다. 각사의 표기 지침에 이런 내용이 규정되어 있을 정도입니다.

이런 관습적 규칙은 마찬가지로 '인공지능'과 'AI'의 관계에도 적용됩니다. 즉 현재의 '인공지능'이 갖는 언어적 세력은 언론의 의도적이고 인위적인 조력이 더해진 결과라고 할 수 있습니다.

영문 약어와 우리말 사이의 언어 질서

AI나 FIFA 같은 영문 약어의 장점은 첫째, 언어의 경제성입니다. 글자 수가 적은 건 큰 장점입니다. 간결함이 주는 효율성 때문에 단어 자체에 경쟁력이 있습니다. 우리말에서도 정식 명칭보다 약칭으로 더 잘 알려진 게 많습니다. 민주노총, 대한상의, 전교조, 합참의장 등은 줄임말이 더 익숙합니다. 민주노총이라고 하지 전국민주노동조합총연맹이라고는 잘 쓰지 않습니다. 나머지도 마찬가지입니다. 약어를 잘 쓰면 정식 명칭보다 더 경쟁력이 있다는 뜻입니다. 준말이 위력을 발휘하는 데는 다 이유가 있습니다.

둘째, 영문 약어는 국제 통용어라는 점에 주목해야 합니다. 번역어는 국내용이지만, 영문 약어는 세계 어디서든 통하는 표기입니다. 범용성이 좋다는 것은 그 자체로 언어의 강점입니다.

영문 약어와 우리말 번역어 사이의 갈등은 이른바 '우리말 질서의 문제'에 해당합니다. 조금 거창하게 말하면 '국어순혈주의

대(對) 혼혈주의' 또는 '민족주의적 언어관 대 글로벌리즘적 언어관'의 세력 다툼인 셈이지요. 국어순혈주의 측에선 우리말을 지키고 살려야 한다는 당위적 인식에 토대를 두고 있습니다. 반면에 국어혼혈주의 측에선 인위적으로 영어 사용을 억제하고 우리말 사용을 앞에 내세우는 것은 일종의 '설계주의'라고 비판합니다. 자유로운 언어 시장에서 서로 공정하게 경쟁해 언중이 선택하면 그만이라는 주장입니다. '인공지능'과 'AI' 중에 궁극적으로 하나만 선택될지 또는 함께 통용될지는 좀 더 시일을 두고 지켜봐야 합니다.

넘쳐나는 영문 약어에 대응하려면 좋은 우리말 약어를 많이 확보해야 합니다. 줄임말이 주는 효율성에 '언어적 일탈'에서 오는 긴장감, 그로 인한 강한 메시지 효과 같은 것을 잘 버무려 활용할 필요가 있습니다.

 **키포인트**

✔ AI: 적은 글자수로 의미를 전달하는 언어의 경제성

✔ 인공지능: 우리말 우선주의의 전통

50대의 '향년', 그 어색함에 대하어

상투어의 함정에 빠지지 않는 법

'누가 언제 어디서 지병으로 별세했다. 향년 ○○세.' 누군가의 생애를 매듭짓는 문장은 대개 일정한 틀을 벗어나지 않습니다. 정형화된 표현 양식이지요. 서술어가 '사망'에서부터 '별세, 타계, 운명, 작고, 영면, 서거' 등 다양하게 달라질 뿐입니다. 종교에 따라 '선종(가톨릭), 소천(개신교), 열반 또는 입적(불교)' 등을 쓰기도 합니다. 뒤에 '향년'이 따라붙는 것도 상투적입니다.

- 한국 영화 역사에 한 획을 그은 월드스타 ○○○ 씨가 7일 오후 3시쯤 별세했다. 향년 55세.

- 〈타는 목마름으로〉, 〈오적〉 등의 작품을 남긴 ○○○ 시인이 8일 타계했다. 향년 81세.

그런데 이 익숙한 관용구는 때로 대상의 연령에 따라 어색한 불협화음을 만들어내기도 합니다. 81세 시인에게는 자연스러운 이 단어가 왜 55세 배우에게는 못내 아쉽고 어색하게 들리는 걸까요? 이는 단순한 언어 습관의 문제를 넘어, 죽음을 수식하는 방식에 대한 근본적인 질문을 던집니다. 두 문장이 크게 달라 보이지 않는다면 다른 예를 더 살펴볼까요?

정형화된 말투가 어색한 경우

- 국립발레단을 대표하는 유명 발레리나 ○○○ 씨가 돌연 사망했다. 향년 31세.
- 국내 게임업계 벤처 1세대인 ○○○ 씨가 향년 54세를 일기로 세상을 떠났습니다.

향년(享年)이란 한평생 살아 누린 나이입니다. 죽은 사람의 나이를 가리킬 때 씁니다. 향은 '누릴 향(享)' 자입니다. 우리는 '누리다'를 살아가면서 무언가를 마음껏 즐기거나 맛본다는 뜻으로 알고 있습니다. 행복이나 영화, 자유, 권세, 인기, 풍요 등을 누린다고 하지요. 50대의 부고에서 '향년'을 썼을 때 느껴지는 어색함은 '삶을 누렸다고 하기엔 부족한 나이'라는 인식에서 비롯되는 것 같습니다. 하물며 30대, 40대라면 더하겠지요.

글쓰기에서 상투어의 함정에 빠지지 않으려면 정형화된 말투를 변형해 써야 합니다. 가령 '31세를 일기로 눈을 감았다' 같은 표현이 대안이 될 수 있습니다. '벤처 1세대 ○○○ 씨, 54세 일기로 별세' 정도면 자연스럽습니다. 일기(一期)란 한 사람이 살아 있는 동안, 즉 한평생을 뜻하는 말입니다. '그는 아깝게도 40세를 일기로 세상을 떠났다' 식으로, 나이가 많거나 적거나 상관없이 쓸 수 있습니다.

50대 '요절'도 어색하지 않은 시대

40대, 50대의 죽음에 붙는 '향년'과 더불어 '요절'도 종종 시비의 대상이 됩니다. '향년 55세로 요절한 월드스타 ○○○.' '요절'은 '어릴 요(夭)'에 '꺾을 절(折)'이 결합한 단어로, 젊어서 죽는 것을 말합니다. 그 기준을 어디에 둘지는 주관적인 것이라 특정할 수 없지만, 공자의 말에서 힌트를 얻을 수 있습니다.

공자는 15세가 되어 학문에 뜻을 뒀다고 해서 지학(志學)이라고 했습니다. 20세가 되면 관례를 하는데 아직은 어리다고 해서 약관(弱冠), 30세는 뜻을 세우는 나이라 해서 이립(而立)이라고 했습니다. 40세는 비로소 사물의 이치를 터득하고 세상일에 흔들리지 않는다고 해서 불혹(不惑)이며, 50세가 되면 하늘의 뜻을 안다고 해서 지천명(知天命)입니다. 60세는 생각하는 것이 원만해 어떤 일을 들어도 곧 이해가 된다고 한 데서 이순(耳順)이라고 불렀습니다.

이를 통해 보면 옛날에는 40세만 되어도 불혹의 경지에 올랐던 모양입니다. 세상일에 미혹되지 않을 정도이니 가히 '어른'이라고 할 만합니다. 뒤집어 말하면 그전까지는 젊다고 할 수 있으니 대략 마흔 전에 죽으면 '요절'이라고 했음 직합니다.

하지만 평균수명이 80을 넘는 지금은 요절이라고 말할 수 있는 나이도 훨씬 높아졌습니다. 더구나 불혹이니 지천명이니 할 만한 40대, 50대가 몇이나 될까요? 얼추 60은 되어야 겨우 불혹의 경지를 조금 느끼지 않을까요? 그러니 요즘 기준으로 치면 40~50대의 죽음을 요절이라고 해도 이상할 것 같지 않습니다.

키포인트

✔ 향년: 한평생 살아 '누린' 나이

✔ 평균 수명이 길어진 현대사회에서 30~50대의 죽음에
　'향년'은 어색한 표현

사라지고, 바뀌고, 살아남은 말

'장님'은 언제부터 낮춤말이 되었을까

차별어의 역사

현대에 들어서면서 '장님'이나 '귀머거리', '벙어리' 같은 말은 일종의 금기어가 되었습니다. 우리 사회에서 이들 용어를 장애인을 비하하는 말로 받아들이기 때문입니다.

장애인의 인권에 대한 인식이 높아지면서 그들을 지칭하는 말에 대한 인식도 바뀌었습니다. 《표준국어대사전》과 《고려대 한국어대사전》은 이런 단어를 '-을 낮잡는(얕잡는) 말'로 풀었습니다. 일각에서는 이 말들이 차별을 조장한다고 주장하며 해당 단어의 사용을 피해야 한다고 주장합니다.

그러나 애초부터 그 지칭어들이 낮잡는 말은 아니었습니다.《국어대사전》(1961),《우리말 큰사전》(1992) 등에 따르면 장님은 '소경'의 높임말이었습니다. 귀머거리와 벙어리에도 낮잡는다는 뜻이 없었습니다. 1990년 전후까지만 해도 비하어라는 인식이 없었던 거지요. 1988년 서울올림픽을 계기로 장애인과 이를 지칭하는 말에 대한 인식이 사회 전반적으로 바뀌었습니다. 조선시대에는 존칭어였던 '마누라'가 요즘에는 자기 아내를 속되게 부르는 말이 된 것처럼 이런 의미 변화는 자연스러운 현상입니다. 그런 변화된 인식이 1990년대 말에 편찬된 국어사전에 반영되었습니다.

그러면 장님, 벙어리, 귀머거리 대신 어떤 단어를 써야 할까요? 바로 이 대목에서 논란이 생겼습니다. 그 대체어로 제시된 것이 시각장애인, 언어장애인, 청각장애인입니다.

우선 여기에는 공통점이 하나 있습니다. 한자어가 고유어를 대체했다는 점입니다. 의도하지는 않았으나 결과적으로 한자어는 고상한 말이 되었고, 고유어는 비하어가 된 셈입니다. 원래 평어로 쓰이던 순우리말을 '낮잡는 말'로 처리해 오히려 낙인효과를 가져온 것 아니냐는 지적이 나오게 된 배경입니다. 말은 쓰지 않으면 사라집니다. 많은 고유어가 이런 방식으로 대체되면서 언젠가 사라질지도 모른다는 우려도 곁들여졌습니다.

낮잡는 말 대신 완곡한 표현으로

수많은 속담에 쓰인 말을 어떻게 풀어야 할지도 난제입니다. 사전에는 '장님'으로 시작하는 속담만도 30개가 넘습니다. '앉은뱅이책상' 등 파생어와 수사적 표현들은 또 어찌해야 할까요? 그런 점에서 일부 사전의 서술 방식을 바꾸는 것도 고려할 만합니다.

장님은 '눈이 먼 사람', 벙어리는 '말을 하지 못하는 사람', 귀머거리는 '소리를 듣지 못하는 사람'입니다. 굳이 사전에서 '낮잡아 이르는 말'을 덧붙일 필요가 없다는 얘기입니다.

한자어 '시각장애인'의 풀이는 '장님을 완곡하게 이르는 말'이라고 바꾸면 됩니다. 언어에 대한 사회적 인식의 변화를 반영한 것으로, 이들은 바꿔 쓰면 좋은 말입니다. 전통적으로 써오던 말을 중심에 놓고 풀면 고유어를 굳이 배제하지 않아도 한자어와 함께 쓸 수 있지 않을까요? 시대에 따라 단어는 변하지만, 우리말의 뿌리인 고유어가 '비하어'라는 이름으로 영영 사라지지 않기를 바랍니다.

✔ 장님 → 시각장애인

✔ 벙어리 → 언어장애인

✔ 귀머거리 → 청각장애인

✔ 앉은뱅이 → 지체장애인

언어의 진화인가
차별의 경계인가

'깜깜이' 톺아보기

'깜깜이'는 국어사전에 없는 말입니다. 정식 단어가 아니라는 뜻이지요. 이 말이 언중 사이에 알려진 게 그리 오래지 않았음을 짐작할 수 있습니다. 국립국어원의 개방형 사전인 〈우리말샘〉에 '깜깜이분양'이 올라와 있는데, 조건이 충족되면 단어가 될 수 있는 후보군에 있다는 얘기입니다.

'깜깜이'는 주로 언론에서 써온 말입니다. '깜깜이 선거, 깜깜이 분양, 깜깜이 입찰, 깜깜이 리포트, 깜깜이 심사' 등 비유적 표현에 사용되었습니다. 이 말은 어디서 왔을까요? '깜깜하다'에서 나왔다는 것은 쉽게 짐작할 수 있습니다. 그러면 우리말에서

'깜깜하다'라는 말은 어떤 의미로, 어떤 맥락에서 쓰일까요?

'깜깜하다'는 '어떤 사실을 전혀 모르거나 잊은 상태'라는 뜻입니다. "나는 음악에 깜깜해"라고 하면 음악에 관해 아는 게 없다는 뜻입니다. 여기서 파생어 '깜깜이'가 나왔습니다. '깜깜'에 접미사 '-이'를 붙여 만들었습니다. '-이'는 '그런 속성을 지닌 사람(또는 상태)'이라는 뜻을 더해줍니다.

그러니 '깜깜이'라고 하면 어떤 사실에 대해 정보가 없는 사람 또는 상태를 가리킵니다. 가령 '깜깜이 선거'라고 하면 후보자에 대한 정보가 제대로 알려지지 않은 상태에서 치르는 선거를 말합니다. '깜깜이 주식투자를 한다'고 하면 주식에 관해 전혀 모르는 상태에서 투자하는 행태를 지적하는 것입니다.

의미 확대가 만들어낸 언어의 진화

어근 '깜깜'과 결합한 말도 많습니다. 깜깜무소식, 깜깜나라, 깜깜무식, 깜깜무식쟁이, 깜깜밤중, 깜깜속, 깜깜절벽 등등. 파생어 '깜깜이'나 이런 합성어들은 '깜깜'의 뜻과 쓰임새가 시각장애와 직접적인 관련이 없음을 보여줍니다.

'깜깜이'가 사전 정보나 관련 지식이 없는 사람 또는 상태를 가리키는 것은 의미 확대가 이뤄진 결과입니다. 의미 확대란 단어가 본래의 의미보다 넓게 사용되는 것을 말합니다. 언어의 쓰임새가 확장되고 변형되는 것은 아주 흔한 일입니다. 언어도 끊임없이 진화하고 있는 셈이지요. 가령 옛날에 머리에 쓰던 의관(衣冠)의 하나인 '감투'가 지금은 벼슬이나 직위를 속되게 이르는 말로 쓰이는 게 그런 경우입니다.

'깜깜' 역시 본래 '아주 까맣게 어두운 모양'을 가리키는 말이었는데, '어떤 사실을 전혀 모르거나 잊은 모양'으로 의미가 확대된 경우입니다. '깜깜이'는 그런 쓰임새가 반영되어 생긴 말입니다.

그 연장선에서 '깜깜이'가 시각장애인을 가리키는 표현으로까지 굳어졌는지를 판단하려면 시간이 좀 더 필요합니다. 그런 점에서 '깜깜이'는 진화 과정 중에 있다고 할 만합니다. 이 말이 또 하나의 차별어 목록에 편입될지는 언어의 자유로운 시장에 맡겨보는 것도 하나의 방편입니다. '깜깜이'가 어떻게 정립될지, 언중의 선택은 무엇이 될지 지켜볼 일입니다.

> ⁉️ **키포인트**
>
> ✔ **깜깜이 : 정보가 전혀 없는 상태를 가리키는 표현**
>
> ✔ **'깜깜이'는 의미가 확장된 말(어둠 → 정보 부족)**
>
> ✔ **'깜깜이' 사용 시 고려할 점**
> - ▶ 자연스러운 언어변화로 해석될 때: 사용
> - ▶ 차별로 읽힐 가능성이 있을 때: 지양

1920년 7월 14일자 《조선일보》는 6월 한 달간 경기도의 전염병 발생 현황을 다음과 같이 자세히 전했습니다.

- 장질부사 발생이 165인 내에 사망한 자 25인이요, (…) 창홍열 발생이 35인 내에 사망한 자 9명이요, 지부데리아 발생이 58인 내에 사망한 자 10명이요, 발진지부스 발생이 27인 내에 사망한 자 8명이요, 두창 발생이 2047인 내에 사망한 자 539명이요, 천연두 환자 제일 다수하다더라.

100년 전의 질병 이름이 낯선 듯하지만, 전혀 생소하진 않습니다. 당시 '두창'이 압도적 발병률과 25퍼센트가 넘는 사망률로 치명적 전염병이었다는 점도 눈에 띕니다. 두창을 '천연두'라고 했다는 것도 덤으로 알 수 있습니다.

옛 병명 속에 남아 있는 질병의 흔적

장질부사(腸窒扶斯)는 '장티푸스(腸typhus)'를 가리키던 말입니다. 지금은 외래어를 현지 발음에 맞게 한글로 적으면 되지만 과거 에는 한자음을 빌려 썼습니다. 이른바 '음역어'입니다.

이 병이 얼마나 무서웠던지 나중에 '염병'의 대명사가 될 정도 였습니다. 염병(染病)은 두 가지로 쓰입니다. 하나는 글자 그대로 전염병을 뜻하고, 다른 하나는 장티푸스를 가리킵니다.

'창홍열(猖紅熱)'은 국어사전에 없는 말인데, 당시 신문에서는 '성홍열(猩紅熱)'과 뒤섞어 썼습니다. 성홍열은 발진이 생긴 피부 의 붉은색이 오랑우탄(성성이猩猩-)의 색과 비슷하다고 해서 붙 인 이름입니다. 지부데리아는 디프테리아(diphtheria), 발진지부스 는 발진티푸스(發疹typhus)를 옮긴 말이란 것을 짐작할 수 있습 니다.

두창(痘瘡)은 발진을 일으키는 전염병입니다. 두(痘)는 '마마' 를, 창(瘡)은 '부스럼'을 뜻합니다. 여기에서 마마는 '천연두(天然

痘)'를 말합니다. 당시에도 두창과 천연두를 같은 말로 썼다는 것을 알 수 있습니다.

'마마(媽媽)'는 우리말에서 독특한 위치에 있는 단어입니다. 하나의 말로 서로 다른, 극단적 대상을 나타낸다는 점에서입니다. 상감마마, 중전마마 할 때도 쓰이고, 걸리면 죽음에 이를 수 있는 치명적인 질병을 가리키는 데도 쓰입니다. 원래 마마는 임금과 그의 가족에게 붙이는 극존칭이었습니다. 그런데 두창에 걸리면 살아날 길이 없으니 극존칭을 표해서라도 어서 물러나기만을 바라는 마음에 마마라고 부르게 되었다는 게 정설입니다. 일종의 반어법인 셈인데, 넓게 보면 이 역시 완곡어법을 활용한 말 다듬기에 해당합니다.

질병 이름도 시대에 따라 바뀐다

우리말 중에는 특히 질병 이름에 완곡어법을 쓰는 경우가 많습니다. '뇌전증'과 '조현병'이 그런 과정을 거쳐 생겨난 이름입니다. 뇌전증은 예전에 '간질'이라 하던 것을 바꿨습니다.

속된 말 중에 '지랄염병'이 있습니다. 순우리말인 '지랄'이 간질(癎疾)을, 염병(染病)은 장티푸스를 가리킵니다. 간질에 대한 부정적 인식을 바로잡기 위해 2014년부터 질병 이름을 '뇌전증'으로 바꿨습니다. 조현병도 같은 이유로 2011년 정신분열병을 대체한 용어입니다.

뇌전증의 전 용어에는 간질 외에도 '전간(癲癇)'이 비교적 널리 알려졌습니다. 이 말의 일본식 발음이 '덴칸(てんかん)'입니다. '땡깡(생떼를 속되게 이르는 말) 부린다'고 할 때의 땡깡 또는 뗑깡은 바로 이 '덴칸'이 된소리로 바뀌어 굳은 말입니다. 일본어도 우리말도 아닌 정체불명의 말이므로 쓰지 않는 게 좋습니다.

참고로 치매는 '어리석을 치(癡), 어리석을 매(呆)' 자입니다. 아픈 것도 서러운데, 환자한테 어리석다고 하니 적절하지 않다는 지적이 오래전부터 있었습니다. 일본에서는 이미 20여 년 전부터 인지증으로 바꿔 쓰고 있습니다. 우리나라도 보건복지부를 중심으로 용어를 바꾸려는 움직임이 빨라졌습니다. 관련 학회와 함께 '인지저하증' 등 대체어를 놓고 고민 중이라 하니 곧 결과가 나올 것으로 보이는데, 논란의 여지가 있는 만큼 가려 쓸 필요가 있습니다.

> **⁉️ 키포인트**
>
> ✔ 간질(지랄) ➜ 뇌전증
>
> ✔ 정신분열병 ➜ 조현병
>
> ✔ 치매 ➜ 인지저하증(현재 검토 중)

'벙어리장갑'에서 '손모아장갑'으로

언어 감수성 높이기

'일정한 보수를 받고 집안일을 해주는 여자'를 가리키는 말은 사전적으로 '가정부' 또는 '파출부'입니다. 하지만 통계청의 한국표준직업분류에 따른 공식 명칭은 '가사도우미'입니다. 사전에 오른 정식 단어는 아니고, 여성단체에서 가정부와 파출부를 비하어로 지목하자 이를 대체한 용어로 쓰고 있는 것입니다.

그런 배경에는 우리말에서 '-부'가 험하고 힘든 일이나 직업군에 많이 쓰인다는 인식이 깔려 있습니다. 광부, (공사장) 인부, 청소부, 간호부 등이 그런 예입니다. 이 중 청소부는 청소원을 거쳐 (환경)미화원이 되었습니다. 간호부 역시 간호원으로 바뀌었

236

다가 지금은 간호사로 불립니다. 이들이 애초부터 비하어여서 바꾼 게 아닙니다. 사람들의 인식 변화에 따라 좀 더 점잖게 부르는 말이 필요해졌기 때문입니다. 사회 발전에 따른 언어의 분화·진화인 셈입니다. 앞서 이야기한 것처럼 '장님→시각장애인' 등 장애인 지칭어의 변화도 그런 과정을 거쳤습니다.

그런데 속담에 들어 있는 장애인 관련 표현이 난제로 떠올랐습니다. 속담은 우리말을 풍성하게 해주는 자산이자 보고입니다. '장님 코끼리 만지기', '꿀 먹은 벙어리'는 일상에서도 흔히 쓰는 표현으로, 이런 게 부지기수입니다. 합성어도 마찬가지입니다. 눈뜬장님, 벙어리저금통, 앉은뱅이책상 등 사전에 오른 말이 꽤 많습니다. '절름발이 행정' 등 비유적인 표현도 흔히 볼 수 있습니다. 실제로 장애인단체나 시민단체 등에서 지적하는 비하어 가운데는 이런 종류의 말이 꽤 많습니다.

'손모아장갑'도 같은 차원에서 이해할 수 있습니다. 이 말은 2013년 사회복지법인 엔젤스헤이븐에서 캠페인을 벌이면서 알려지기 시작했습니다. '벙어리장갑'은 유래가 분명하지 않은 말입니다. 벙어리가 중세 국어의 '벙을다(옛말 '버우다'의 원말. '막히다'라는 뜻)+어리(그런 사람을 뜻하는 접사)'에서 왔다는 점에 비춰 '(장갑이) 막혀 있다'는 뜻이 담긴 말이라고 추정할 뿐입니다.

의미적으로도 불투명한 데다 사회적 인식이 바뀐 상황에서 굳이 벙어리장갑을 써야 할 이유가 없습니다. 대체어인 손모아장갑은 의미도 살아 있을뿐더러 무엇보다 점잖은 표현이라 좋습니다. 또 다른 대체어인 '엄지장갑'과 언어의 자유시장에서 경쟁을 벌임으로써 자연스럽게 세력도 키우고 일상어로 자리 잡도록 힘을 모을 만합니다.

✔ 가정부/파출부 ➡ 가사도우미

✔ 청소부 ➡ 환경미화원

✔ 간호부/간호원 ➡ 간호사

✔ 벙어리장갑 ➡ 손모아장갑, 엄지장갑

✔ 절름발이 행정 ➡ 불균형한 행정, 편파적인 행정

나도 모르게 내뱉는
차별의 언어

일상 속 차별어

대한민국이 '출산율' 0명 대를 기록하면서 우리 사회에 비상이 걸렸습니다. 저출산이 가속화되면서 국가 존폐의 위기라는 말까지 나옵니다. 2025년 합계 출산율은 0.8명으로 2024년의 0.748명에서 소폭 올랐다는 반가운 소식도 들립니다. 물론 여기서 이 문제를 파헤치려는 것은 아닙니다. 우리가 주목할 부분은 '출산율', '저출산'이라는 말이 차별어 논란을 불러온다는 것입니다.

'출산율'을 차별어로 주장하는 근거는 그 개념이 여성을 주체로 하기 때문입니다. 산(産)이 '낳을 산' 자입니다. 그러니 '저출산'은 아이를 낳는 여성에 중점을 둔 말입니다. 이에 반해 '저출생'은 태어나는 아이에게 초점을 맞춘 말입니다.

'저출산'이라고 할 때, 출산의 주체가 여성이라 마치 여성에게 책임을 떠넘기는 것처럼 들릴 수 있다는 문제 제기는 오래전부터 있었습니다. 좀 더 중립적인 표현인 '출생률'이나 '저출생'으로 써야 한다는 주장입니다. 예전에 저출산으로 써오던 말이 근래 저출생으로 바뀌어가는 데는 이러한 배경이 있습니다.

다만 저출산과 저출생은 엄연히 주체가 다른 말이고 개념도 다르기 때문에 구별해서 써야 합니다. 재차 설명하자면 출생은 태어나는 아기를 주어로 하는 말이고, 출산은 엄마를 주어로 삼는 말입니다.

가령 정부에서 통계수치로 내는 '합계 출산율'은 여성이 가임 기간에 낳을 것으로 기대되는 평균 출생아 수를 가리킵니다. 따라서 이때는 출생률이 아니라 출산율이라고 하는 것입니다.

그럼 차별어인지 아닌지는 어떻게 구별할까요? 여러 가지 방법이 있지만 그중 하나는 내재적 차별어와 외재적 차별어에 대한 인식입니다. 내재적 차별어는 단어 자체에 차별의 의미가 들어 있는 말입니다.

'식모, 학부형, 미망인, 소인, 처녀지/처녀작/처녀수출/처녀림, 결손가정(결손: 어느 부분이 없거나 잘못되어서 불완전함), 여필종부(아내는 반드시 남편을 따라야 한다)' 등이 그런 예입니다. 모두 국어사전에 올라 있지만, 단어 자체에 전근대적인 인식이 담겨 있어 시급히 버려야 할 말입니다.

반면 외재적 차별어는 단어 자체에 차별의 뜻이 들어 있다기보다 시대 변천에 따라 인식이 바뀌어 차별어로 규정되는 경우입니다. '장애자'가 '장애인'으로 바뀌고 '장님'이 '시각장애인'으로, '간호원'이 '간호사'로 바뀐 것이 그런 사례입니다.

내재적 차별어를 좀 더 살펴볼까요? 비교적 잘사는 집에서 '식모'(남의 집에 고용되어 주로 부엌일을 맡아 하는 여성)라 불리는 사람을 두고 집안일을 맡기던 시절이 있었습니다. 하지만 세월이 흐르면서 파출부, 가정부를 거쳐 가사도우미, 가사관리사로 바뀌더니 요즘은 이마저도 찾아보기 힘들게 되었습니다. 노동을 대하는 인식이 달라졌기 때문입니다.

이런 흐름 속에서 최근 등장한 표현이 '필리핀 이모'입니다. 돌봄 인력 부족이라는 현실적 문제를 해결하려는 제도적 논의에서 나온 말이지만, 특정 국적의 여성 노동자를 친인척 호칭으로 부르는 방식이 적절치 않고 차별적이라는 비판도 함께 제기됩니다.

외재적 차별어 중 하나인 '불임' 대신 '난임'을 쓰는 움직임도 같은 맥락에서 이해할 수 있습니다. 의학적으로도 불임과 난임은 다른 말입니다. 대부분은 '난임'에 해당합니다. 과거에는 이런 구분 없이 습관적으로 그냥 '불임'이라는 말을 썼습니다. 하지만 당사자에게 자칫 상처가 될 수 있다는 인식이 퍼지면서 요즘에는 '난임'이라는 말을 더 널리 쓰고 있습니다. 언론에서도 이를 반영해 바꿔 쓰고 있습니다.

언어의 기능이 소통에 있으니, 당사자를 불편하게 하는 말은 사용하지 않는 편이 좋으니까요.

⁉ 키포인트

✔ 저출산(低出産): 여성이 아이를 적게 낳는 현상
  → 저출생(低出生): 태어나는 아이의 수가 적은 현상

✔ 미망인(未亡人): 아직 따라 죽지 못한 사람
  → 고(故) ○○○ 씨의 배우자

✔ 결손가정: 어느 부분이 없어서 불완전한 가정
  → 한부모 가족, 다양한 형태의 가족

✔ 불임: 임신이 안 됨
  → 난임: 임신이 어려움

'노령 사회'는 왜
'고령 사회'에 밀렸나

명칭 뒤에 숨은 심리

'애인'과 '연인'은 같은 말입니다. 연애의 상대자를 가리킵니다. 그럼 '연애'는 어떨까요? 이는 남녀 사이의 애틋한 사랑을 뜻합니다. 여기서 '사랑'은 뭘까요? 이성의 상대에게 끌려 열렬히 좋아하는 마음입니다. 이는 좁은 의미에서의 '사랑'을 뜻합니다. 공통으로 들어가는 요소는 '남녀 간'입니다.

국어사전에서는 모두 그렇게 풀어왔는데, 2012년에 큰 변화가 생겼습니다. 이전 풀이에 있던 '남녀 사이' 또는 '이성 간'이라는 표현이 모조리 사라진 것입니다. 대신에 '어떤 상대' 또는 '두 사람'이라는 말이 그 자리에 들어섰습니다. 우리 사회 일각에서 기

존 풀이가 성(性) 소수자 차별을 조장한다는 지적이 일자 이를
중립적 표현으로 바꾼 것입니다.

그러자 이번에는 보수단체들이 반발했습니다. 국립국어원이
동성애를 옹호하는 표현을 썼다는 게 비판의 요지였고, 일부 종
교단체 등을 중심으로 재개정을 요구하는 민원이 제기되었습니
다. 국립국어원은 2013년 10월 재검토에 들어가 이듬해 1월 '남
녀' 표현을 되살린 뜻풀이로 다시 고쳐《표준국어대사전》웹사
전에 올렸습니다. 이 사태는 급기야 그해 국정감사에서 도마에
오르기도 했습니다. 사회 구성원의 인식 변화에 따라 기존에 통
용되던 단어 풀이가 달라지는 현상을 보여주는 대표적인 사례
라 할 수 있습니다.

'늙을 로' 자를 피하려는 사회적 심리

그런데 사람들의 인식 변화는 멀쩡하게 쓰던 단어도 바꾸는 결
과를 가져옵니다. '경로당'이라는 명칭이 '시니어센터'나 '시니어
클럽'으로 바뀌고 있는 게 그런 사례입니다. 예전에 '노인정'이란
게 있었습니다. 그런데 어감이 좋지 않다고 해서 바꾼 이름이
'경로당'입니다. 여기서 한발 더 나아가 이제 그런 말조차 싫다고
해서 아예 외래어로 바꿔 부르고 있습니다.

하지만 이를 단순히 외래어 남용으로 보기에는 좀 더 근원적

244

인 까닭이 있을 것 같습니다. 평균수명이 80을 넘으면서 '노인'이라는 말을 잘 쓰지 않으려는 사회심리적 흐름과 무관치 않아 보입니다. '늙을 로(老)' 자를 피하려는 분위기도 읽힙니다. '노인'이 '어르신'으로 대체되는 것 역시 이런 분위기의 연장선상으로 이해됩니다. '노령 사회'보다 '고령 사회'라는 표현을 선호하는 것도 마찬가지입니다.

예전에 동사무소로 부르던 곳을 2000년대 들어서는 주민센터라고 하더니 요즘은 행정복지센터라 부르고 있습니다. 장애자라고 부르던 말은 '장애인'으로 이미 바뀌었고, 노숙자는 '노숙인'으로, 당선자 역시 '당선인'으로 변해가는 추세입니다. 사실 '-자(者)'보다 '-인(人)'이 더 품격 있고 대접해주는 표현이라는 것은 언어적으로나 역사적으로나 전혀 근거가 없습니다. 하지만 많은 사람이 그렇게 생각합니다. 모두 사회적 인식의 변화에 따라 주력으로 쓰이는 말의 형태가 교체된 결과입니다.

이를 단순히 차별어 금지니 외래어 남발이니, 우리말 순화니 하는 시각에서만 볼 필요는 없을 것 같습니다. 발전론적 관점에서 보면 우리말의 변천은 그 자체로 언어적 실험이고 진화의 한 양태입니다. 자유로운 경쟁 속에서 생성되고 소멸하고 뒤섞이는 것이 말의 숙명이 아닌가 싶습니다.

✔ 노인정 ➜ 경로당 ➜ 시니어센터·시니어클럽

✔ 노인 ➜ 어르신

✔ 노령 사회 ➜ 고령 사회

✔ 동사무소 ➜ 주민센터 ➜ 행정복지센터

✔ 장애자 ➜ 장애인

✔ 노숙자 ➜ 노숙인

✔ 당선자 ➜ 당선인

신조어에서
표준어가 되기까지

살아남는 말의 조건

두 문장의 서술 부분은 서로 다른 형태이면서도 비슷한 느낌을 줍니다. 포인트는 '날카로운 대립각'과 '날 선 공방'입니다.

- 북한이 유엔 안전보장이사회 회의에 참석해 발언한 것은 약 5년 7개월 만으로, 한·미·일을 포함한 서방과 북·중·러는 날카로운 대립각을 세웠다.
- 여야는 4일 일본 후쿠시마 원전 오염수 방류 문제를 놓고 날 선 공방을 벌였다.

첫 번째 예문의 대립각(對立角)은 '의견이나 처지, 속성 따위가 서로 반대되거나 모순되어 생긴 감정을 비유하여 이르는 말'입니다. 지금은 흔히 쓰이는 말이지만 처음부터 그랬던 것은 아닙니다. 예전부터 쓰던 우리말이 아니기 때문이지요. 1999년 국립국어원에서 펴낸《표준국어대사전》에는 이 말이 없었습니다.

'대립각'이 정식 단어가 되기까지

그런데 언론에서는 1990년대 중반께부터 '대립각'이라는 표현을 써왔습니다. 초반에는 '대립각을 세우는/형성하고/구축하며', '대립각으로 맞서', '대립각이 커져가며' 등 다양한 서술어와 어울려 사용했습니다. 이는 새로 나온 말의 개념이 제대로 자리 잡지 못했을 때 나타나는 현상입니다. 정형화된, 잘 어울리는 서술어가 확정되지 못했다는 뜻입니다.

'대립각'은 2000년대 들어 쓰임새가 급격히 늘면서 점차 '대립각을 세우다'라는 말로 수렴되어갔습니다. 하지만 그 후로도 오랫동안《표준국어대사전》에는 '대립각'이라는 단어가 수록되지 않았습니다. 2010년까지도 국립국어원은 '대립각'의 표기를 '대립 각'으로 띄어 쓰는 게 맞다고 설명했습니다. '대립'과 '각'을 각각의 단어로 본 것입니다. 지금은 '대립각'이《표준국어대사전》 웹사전에 올라 있습니다. 이 말이 정식 단어로 대접받은 게 불과 몇 년 되지 않은 셈입니다. 새로운 말이 표준어로 인정받기까지는 험난한 과정을 겪어야 한다는 뜻입니다.

'날카로운 대립각'은 '세우다'와 어울리고, '날 선 공방'은 '벌이다'나 '펼치다'라고 해야 말맛이 납니다. 이때 '날'은 연장의 가장 얇고 날카로운 부분을 가리키는 말입니다. '날이 서다'라는 관용구는 '성격이나 표현, 판단력 따위가 날카롭다', '기세가 세차다'라는 뜻입니다. 그러니 '날 선 공방'이라고 하면 예리하면서도 치열한 공격이나 방어를 두고 하는 말입니다. 지금은 '대립각'을 일상적으로 쓰지만, 예전에는 주고받는 다툼이 거셀 때 '날 선 공방'이라는 표현을 떠올렸습니다.

'-각'이 만들어낸 신조어의 힘

신조어로서의 '대립각'을 가치 있게 하는 요소는 접미사처럼 쓰인 '각'입니다. '각'의 정체는 '뿔(角)'입니다. 이 말이 요즘 여러 파생어를 낳아 논란이 되기도 합니다. 도전각, 소송각, 치킨각, 성공각, 승리각, 실패각, 킬각, 런각… 파생어가 많다는 것은 말의 생산성이 뛰어나다는 뜻이고, 이는 곧 효용가치가 크다는 얘기입니다. 그렇다면 장수할 가능성이 높고, 오래 사용되면 '각'의 접사 기능을 굳히는 요인이 될 수 있지요. 말글을 다루는 입장에서는 지켜볼 만합니다.

角(각)은 원래 짐승의 뿔을 그린 글자입니다. 이 뿔은 짐승의 머리에 돌출된 형태로 나와 있어서 '모나다', '각지다'라는 뜻이 생겼고, 면과 면이 만나 이뤄지는 모서리를 나타내는 말이 되었습니다. '각을 세우다'를 비롯해 '각을 잡다, 각을 맞추다, 각이 나오다, 각이 보이다, 각을 재다' 식으로 다양한 서술어와 결합합니다.

'-각' 파생어는 우리말의 조어력을 새삼 돋보이게 합니다. 무언가에 도전하면서 전의를 불태우고 싶으면 '도전각!' 하고 외치는 식이지요. 치킨을 먹기에 딱 좋은 상황이라면 '치킨각'입니다. 소송을 준비하는 상황이라면 '소송각을 재다'라고 합니다.

이 경우에는 '언어적 일탈'에서 오는 효과라는 점에서 다른 신조어와 결이 좀 다릅니다. '날 선 공방'이니 '날 선 대립', '날카로운 공방' 같은 상투적 표현에 비해 '대립각'은 파격의 말맛을 더합니다. 전통적으로 써오던 정형화된 말을 거부하고 일탈에서 오는 긴장감이 살아 있기 때문입니다.

 **키포인트**

✓ **대립각: 반대되는 입장이나 감정이 부딪치는 상태**

✓ **무궁무진한 '각'의 활용**
  ▶ 예: 각을 잡다, 각이 나오다, 각이 보이다, 각을 재다

'감투'부터 '호강'까지, 어원이 알쏭달쏭한 우리말

한자어처럼 보이는 고유어

여기서 살펴볼 문장들은 일상에서 흔히 들을 수 있는 대화 중 일부입니다. 이들 문장에는 정체를 알 듯 말 듯한 말이 하나씩 들어 있습니다. '영문'과 '감투', '호강'이 그것입니다. 이런 말은 어디서 온 것일까요? 얼핏 보기엔 한자어 같은데, 그러면 한자에서 유래한 것일까요?

- 나는 그가 찾아온 영문을 알 수가 없다.
- 위원장이라는 감투를 둘러싸고 싸움이 끊이지 않았다.
- 우리 딸 덕분에 내 입이 호강이구나.

사실 이들은 유래가 명확히 규명되지 않은 말입니다. 일설에는 한자어가 어원이라는 주장이 있지만 확실하지 않습니다. 고유어인 듯, 한자어인 듯 알쏭달쏭한 이런 말이 우리말에 꽤 많습니다.

한자어 같지만 사실은 아닌 말들

'영문을 모르겠다/영문을 알 수가 없다'처럼 쓰이는 '영문'은 주로 (의문이나 부정을 나타내는 말과 함께 쓰여) 일이 돌아가는 형편이나 까닭을 나타내는 말입니다. 일설에는 이 '영문'이 한자어 '영문(營門)'에서 왔다고 보기도 합니다.

영문은 조선시대 각 군문(軍門), 감영(藍營)이나 병영(兵營)의 대문을 가리킵니다. 이 문은 고관들만 출입하기 때문에 늘 닫혀 있고, 아무나 드나들 수 없는 곳이라 언제 열리고 닫힐지 모른다는 데서 이 말이 생겨났다는 설명입니다.

그런데 이런 풀이는 검증된 게 아닙니다. 《표준국어대사전》에서는 한자어 '영문(營門)'과 고유어 '영문'을 구별해놓고 있습니다. '영문을 모르겠다'라고 할 때의 '영문'은 한자어 '영문(營門)'과 다른 말이라는 뜻입니다.

이는 사냥이 '산행(山行)'에서, 썰매가 '설마(雪馬)'에서, 배추가 '백채(白菜)'에서, 호두가 '호도(胡桃)'에서 온 것과는 어원적으로 차이가 있습니다. 이들은 한자에서 유래한 말로, 문헌상으로도 규명된 것이라 사전에 어원 정보를 올려놓았습니다.

'감투'와 '호강'도 사정이 비슷합니다. 둘 다 한자어인 듯하지만, 한자에서 유래되었다고 확언할 수 없습니다. 감투는 원래 '머리에 쓰던 의관(衣冠)의 하나'로, 일종의 모자를 가리켰습니다. 하지만 요즘에는 벼슬이나 직위를 속되게 이르는 말로 씁니다. '감투'가 벼슬의 의미로 사용된 것은 옛날에 감투가 벼슬아치만 쓰고 평민은 사용할 수 없었기 때문에 이로부터 의미가 확대되었다는 게 정설입니다.

한편에서는 '감투'의 어원을 만주어 kamtu(캄투)로 보기도 합니다. 캄투는 직물에 털과 가죽을 이용해 만든 모자의 일종이라고 합니다. 이에 맞서는 다른 주장도 있습니다. 조선시대 중국어 학습 교재인 《번역박통사》 등에 감투의 옛말 형태인 '감토'가 등장하는 것을 보면, 이 말이 중국어에서 차용되었을 가능성이 높다는 것입니다.

'호화롭고 편안한 삶을 누림'이라는 뜻인 '호강'도 한자어로 착각하기 쉬운 말입니다. 이 역시 어원을 한자어 '호(好)'에서 찾는 주장이 있지만, 《표준국어대사전》은 '호강'의 어원 정보를 따로 제시하지 않았습니다. 한자에서 유래했는지 불투명하다는 뜻입니다.

우리말 구성에서 한자어 비중이 압도적으로 높다 보니 그 유래에 대해 오해하는 경우도 꽤 많습니다. 한자에서 온 말이 아니거나 적어도 그 관계가 불분명한데도 이를 두루뭉술하게 한자어로 처리하는 경향이 있지요.

우리 고유어를 억지로 한자어로 둔갑시켰다는 지적이 그런 것입니다. 언론인이자 한글학자였던 정재도 한말글연구회 회장은 생전에 우리 국어사전들의 이런 편찬 행태를 신랄하게 비판했습니다.

그에 따르면, 우리 글자가 없던 옛날에는 소리가 비슷한 한자를 빌려 적었는데 그것을 취음(取音)이라고 합니다. '주전자(酒煎子), 남편(男便), 편지(便紙), 야속(野俗)하다, 부실(不實)하다' 등이 그런 예입니다. 지금은 우리 글자가 있으니 취음했던 한자는 버리고 한글로만 적으면 된다는 게 선생의 지적이었습니다.

결국 말의 겉모양만 보고 그 뿌리를 단정하기는 어렵습니다. 익숙한 한자 형태에 기대기보다, 그 말이 실제로 어떻게 쓰이고 어떤 의미로 살아왔는지를 먼저 살피는 태도가 필요합니다. 알쏭달쏭한 말일수록, 어원을 재단하기보다 쓰임을 정확히 아는 것이 우리말을 더 단단하게 만드는 길입니다.

> ## ⁉️ 키포인트
>
> ✔ **영문:** 한자어 '영문(營門)'과 소리는 같으나 사전적으로는 별개의 고유어
>
> ✔ **감투:** 만주어 유래설과 중국어 차용설이 대립
>
> ✔ **호강:** '좋을 호(好)'가 들어간 한자어 같지만 어원이 불투명
>
> ✔ **한자를 빌려 적던 '취음' 단어**
>   - ▶ 예: 주전자, 남편, 편지, 야속하다, 부실하다

'가품' vs '짝퉁', 어떤 말을 써야 할까

국어사전이 선택하는 말

'가품(假品)'이라는 말이 요즘 많이 쓰입니다. '거짓 가(假)' 자를 썼으니 가짜 상품이란 뜻일 것입니다. 하지만 국어사전에는 보이지 않습니다. 단어로 인정받지 못했다는 얘기이지요.

이에 비해 '진품(眞品)'은 말 그대로 '진짜인 물품'을 가리킵니다. '정품(正品)'이라는 말도 씁니다. 진짜이거나 온전한 물품이라는 뜻입니다. 이들은 사전에 올라 있습니다. '거짓 가(假)'를 쓴 '가품'이 '참 진(眞)' 자를 쓴 진품에 상대하는 말이니 그럴듯한데, 아쉽게도 《표준국어대사전》에서는 다루지 않았습니다.

그 대신 가짜 물품을 가리키는 말로 '모조품'이 있습니다. 남

256

의 물건을 본떠 만든 물건이라는 뜻입니다. 그것이 그림이면 '모사품'이라 칭하고, 속일 목적으로 만들었다는 의미를 강조하려면 '위조품'이라고 부릅니다.

사전에 '가품'은 없고
'짝퉁'만 있는 이유

'가품'이 국어사전에 오르지 못한 것은 눈여겨볼 만합니다. 이 말이 우리말에서 쓰인 지가 꽤 오래되었기 때문입니다. 네이버 뉴스라이브러리를 보면 1930년대 언론에서도 이 말을 썼다는 걸 확인할 수 있습니다. 하지만 그리 활발하게 사용되지는 않았던 것 같습니다.

국어사전에 오르지 못한 까닭은 아마도 '가품'이라는 말 자체에 대한 반발심 때문일지도 모릅니다. 진품이 아닌 가짜 상품에 '가품'이라는 명칭을 붙여 자칫 상품의 불법성을 희석할 수도 있다는 인식이 작용한 게 아닐까요?

이에 비해 가짜나 모조품을 속되게 이르는 말인 '짝퉁'은 사전에 올라 있습니다. 이 말은 1999년에 《표준국어대사전》이 종이 사전으로 처음 나올 때만 해도 표제어에 오르지 못했습니다. '짝퉁'이 언론 보도에 처음 등장하는 것은 대략 1990년대 후반입니다. 이후 광범위하고 지속적인 쓰임새를 보이자 2000년대 들어와《표준국어대사전》웹사전에 등재했습니다. '가품'의 역사에 비하면 너무 짧지만 '짝퉁'이 사전에 오른 데는 그런 배경이 있었습니다.

- 국내 대기업 이커머스사도 '위조품'으로 판명되면 대금 정산을 보류하는 '정책'을 펴기로 했다.

이 문장에 또 다른 적절치 않은 말이 있습니다. 앞에서도 한 번 살펴봤는데, 바로 '정책'입니다. '정책'이란 정치적 목적을 실현하기 위한 방책입니다. 정부 또는 정치권에서 쓰는 말입니다. 민간기업에서는 '정책'이 아니라 '경영전략'이나 '방침', '지침' 등을 골라 쓰면 됩니다.

보통 '정사(政事) 정'으로 읽는 '政'은 본래 '바르게 잡다', '다스리다'라는 뜻으로 쓰는 글자입니다. '正(바를 정)'과 '攵(칠 복)' 자가 합쳐진 형태입니다. 이때 '正' 자는 사람이 성을 향해 걸어가는 모습을 그린 것으로 '바르다'라는 뜻이 있습니다. '攵' 자는 작은 막대기를 손에 쥐고 있는 모습을 형상화한 것으로, 회초리로 친다는 의미입니다. 그래서 政 자는 '바르게 잡는다'라는 의미에서 '다스리다'나 '정사(政事, 나라를 다스리는 일)'라는 뜻을 갖게 되었습니다.

'정(正)'에 반하는 게 '부정(不正)'이니 이는 올바르지 아니함을 뜻합니다. 그래서 '政(정)'은 부정한 것을 바로잡는 일이기도 합니다. 이 말이 '다스릴 치(治)'와 결합한 '정치(政治)'는 '부정을 바로 잡아 나라를 다스림'을 뜻합니다.

그 정치를 맡아 하는 사람이 바로 '정치인'이지요. '정치인은 스스로 몸을 바르게 해 나라를 올바르게 다스려야 한다'는 함의가 있습니다. 요즘 새삼 되새겨야 할 우리말에 담긴 깊은 속내입니다.

⁉️ 키포인트

✔ **짝퉁**: 가짜나 모조품을 속되게 이르는 말

✔ **모조품**: 다른 물건을 본떠서 만든 물건

✔ **모사품**: 원작의 그림을 그대로 옮겨 그린 미술 작품

✔ **위조품**: 속일 목적으로 진짜처럼 보이게 만든 물품

✔ **가품**: 진짜가 아닌 가짜 상품(사전에 등재되지 않음)

6장

조금만 바꿔도
글이 좋아지는 말

글의 흐름을 방해하는 번역투 표현

일본어투 '-에 대한/대해'

글쓰기에서 '-에 대한/대해'라는 표현이 일본어투라는 지적은 어제오늘의 얘기가 아닙니다. 하지만 여전히 머릿속으로는 알고 있으나 막상 글을 쓰다 보면 자기도 모르게 이런 표현이 튀어나옵니다. 애초에 글쓰기 습관이 잘못 들었기 때문이지요. 무심코, 상투적으로 남발하는 게 늘 문제입니다.

다만 '-에 대한/대해'가 일본어투라고 해서 무조건 쓰지 말아야 한다는 것은 지나치게 단순한 생각입니다. 우리말 체계에 없지만 우리말 표현을 풍성하게 하는 것이라면 비록 외래어 또는 외국어투라고 해도 얼마든지 쓸 수 있습니다. 우리말이 아니라

는 것이 외래어나 외국어투를 사용해서는 안 되는 근거는 될 수
없다는 뜻입니다.

'-에 대해'가 들어가면 어색해지는 문장

문제에 요지는 다른 데 있습니다. '-에 대한/대해'를 남발해선 안
되는 더 중요한 이유는 이 표현이 군더더기가 될 수 있다는 점 때
문입니다. 없어도 될 말을 습관적으로 써서 글의 흐름을 방해하
고 간결한 맛을 떨어뜨리게 합니다. 기사에 등장한 다음 예문을
통해 살펴볼까요?

- 메이저리그 사무국은 5일 경기력을 올리려고 약물을 사용한 혐의로
  로드리게스에 대해 내년 시즌까지 211경기 출장 정지라는 중징계
  처분을 내렸다.

이 예문을 찬찬히 들여다보면 '-에 대해'가 들어감으로써 글
이 어색해진 게 드러납니다. 문장이 꼬일 때는 '이 문장을 내가
말로 설명한다면 어떻게 풀까?'를 생각한 다음 그대로 옮기면 됩
니다. 이 문장을 누군가에게 말로 전한다고 생각해보세요. 'A가
-에 대해 징계 처분을 내렸다'라고 하지 않을 겁니다. 'A가 -에
게 징계 처분을 내렸다'라고 말하겠지요.

기사에서 흔히 볼 수 있는 '-에 대해 압수 수색했다', '-에 대해 경고 조치를 내렸다' 같은 표현은 모두 '-을 압수 수색했다', '-에게 경고 조치했다'라고 하면 그만입니다.

- **이제 이 문제에 대한 결론을 내릴 때가 되었다.**

어떤 모임에서 난상토론 끝에 누군가가 이런 말을 했다고 칩시다. 이 짧은 문장에서도 '~에 대한'은 군더더기입니다. 글쓰기의 요체 중 하나는 '간결함'입니다. 이 점에서 예문에 보이는 '-에 대한'은 없어도 될 말입니다.

'대하다'라는 말은 '어떤 태도로 상대하다'라는 뜻입니다. 'A를 소홀하게 대하다', 'B를 진심으로 대하다'처럼 서술어로 쓰일 때 자연스럽습니다.

이 '대하다'를 수식어로 쓸 때 자칫 군더더기가 되기 십상입니다. 특히 부사어보다 관형어로 쓸 때 문장이 더 어색해집니다. 예문의 '이 문제에 대한 결론을 내리다'를 '이 문제에 대해 결론을 내리다'로 바꿔보면 훨씬 글의 흐름이 편하다는 것을 느낄 수 있습니다.

가장 좋은 것은 아예 '-에 대한/대해'를 쓰지 않는 것입니다. '이제 이 문제에 결론을 내릴 때가 되었다'라고 하면 간결한 맛이 살아납니다. '-에 대한/대해'를 남발하면 우리말의 자연스러움을 해치게 됩니다. 꼭 필요한 문맥이 아니라면 가급적 쓰지 않는 게 좋습니다.

✔ -에 대해 징계하다 → -를 징계하다

✔ -에 대해 압수 수색하다 → -을 압수 수색하다

✔ 이 문제에 대한 결론을 내리기로 했다.
  → 이 문제에 결론을 내리기로 했다.

번역투 서술어 '가지다' 순화하기

'have'의 번역투 표현 '가지다'

우리가 글을 이해한다는 것은 단순히 단어 하나하나의 뜻을 아는 것이 아니라 앞뒤 맥락을 통해 전체를 파악하는 것을 말합니다. 어떤 말 뒤에 어떤 단어가 올지 예상할 수 있는 이유는 단어들 사이에 서로 잘 어울리는 표현이 정해져 있기 때문입니다.

가령 '사과'라는 단어 뒤에는 '맛있다, 썩다, 떨어지다, 시다, 붉다' 같은 말이 따라올 수 있습니다. 한국인이라면 누구나 본능적으로 알 수 있는 연결이지요.

만약 '사과' 뒤에 '잘'이라는 부사가 붙는다면 다음에 올 수 있는 말은 확 줄어듭니다. '익다'나 '먹다' 정도가 그 후보가 되겠지요. 이처럼 적절한 단어들이 제 위치에 배치되어 매끄럽게 이어지는 상태를 문장의 올바른 결합 체계라고 합니다. 이런 결합 체계가 단단하고 자연스러울수록 그 언어는 생명력을 발합니다.

상투어가 된 '가지다', 왜 어색하게 들릴까

이런 관점에서 최근 우리말의 자연스러운 연결을 방해하고 체계를 위협하는 표현인 '가지다'의 쓰임새를 한번 살펴볼까요?

- 그는 지난 3일 모교인 ○○대를 찾아 후배들과 만남의 <u>기회를 가졌다</u>. 이날 대학 본관 200호 강의실에서 가진 특강엔….

언제부터인지 '기회를 가지다'라는 문구가 상투적으로 쓰이기 시작했습니다. 이 표현은 잘 들여다보면 매우 어색합니다. '만남의 기회를 가졌다'보다 '만남의 시간을 보냈다'라고 하는 게 더 자연스럽습니다. 이를 '(후배들과) 만났다'고 하면 더 좋습니다. 훨씬 간결해집니다. 이어지는 '강의실에서 가진 특강'도 '강의실에서 한 특강'이면 충분합니다. 특강을 '하는' 것이지 특강을 '가진' 것이 아니지요.

'가지다'는 본래 '소유하다', '보유하다'라는 뜻으로 쓰던 말입니다. 지금은 의미가 확장되어 열 개 이상의 뜻으로 쓰입니다. 이 말이 우리말의 다양하고 살가운 표현을 얼마나 좀먹는지 사례 몇 개만 더 들어봐도 금세 알 수 있습니다.

- 생후 1년 미만인 자녀를 가진 (→ 둔)
- 종교적 공통점을 가졌다 (→ 지녔다)
- 산업단지 조성 기공식을 가졌다 (→ 열었다)
- 금융 부채를 가진 (→ 금융 부채가 있는)
- 미술에 대해 흥미를 가진 (→ 느낀) 적이 있느냐?
- 그 단체와 동반자적 관계를 가지다 (→ 맺다)
- 소통의 시간을 가지다 (→ 보내다)
- 데뷔 무대를 가졌다 (→ 치렀다)
- 반감/기대를 가지다 (→ 품다)
- 새끼를 가진 (→ 밴) 고양이
- 그는 사업체를 여럿 가졌다 (→ 두었다)
- 같은 조상을 가진 (→ 모신) 단일민족

어떤 주체가 '(회의/행사 따위를) 가졌다'고 말하는 것은 영어의 'have' 동사를 직역한 것입니다. 이 경우 우리말법은 '열었다' 정도인데, 영어에 워낙 익숙해져 있다 보니 '가지다'라는 술어를 무심코 많이 쓴다는 게 국어 전문가들의 진단입니다. 물론 영어식 표현이라고 해서 무조건 배격할 필요는 없습니다. 우리말 체계에 없는 말이라든지 또는 우리말을 풍성하게 하는 것이라면 얼마든지 쓸 수 있습니다. 하지만 이미 우리말에 있는 것이라면 굳이 가져다 쓸 이유가 없습니다. 고릿적부터 써오던 말이 가장 자연스럽고 친숙한, 따라서 소통에 더 효율적인 표현이 되기 때문입니다.

우리말을 풍부하게, 적절한 짝꿍 찾기

색깔은 '띠다'와 어울리는 말인데 '강렬한 느낌의 바탕색을 가졌다'라고 하는 것은 무슨 까닭일까요? '바탕색을 띠었다'가 자연스러운 표현입니다. '기대' 하면 '품다'가, '친분' 뒤에는 '맺다'가 이어지던 말인데, 어느 때부터인지 죄다 '가지다'가 옵니다.

'현안에 대한 집중 논의를 가졌다'라고 하기보다 '현안을 집중적으로 논의했다'로 쓰는 게 더 자연스럽고 건강한 우리 어법입니다. 위의 예문에서 괄호 안의 말을 살려 써보면 우리말이 훨씬 풍성해지고, 말맛도 살아납니다.

다양하게 쓸 수 있는 우리말 서술어를 '가지다'가 대체해가고 있습니다. 어법적으로 틀렸다는 게 아닙니다. 쓰지 말라는 것도 아닙니다. 허용되는 용법이지만, 너무 남발하지 말자는 뜻입니다. 생각의 다양성이 건강한 사회를 만들듯이, 언어생활에서도 표현의 다양성을 지키려는 노력이 중요합니다.

익숙하다는 이유로 '가지다'에 기대기보다, 상황에 맞는 우리말 서술어를 한 번 더 떠올려 보시기 바랍니다. 단어 하나를 잘 쓰는 것만으로도 문장의 결이 달라지고, 글의 품격도 살아납니다.

> ⁉️ **키포인트**
>
> ✔ **'가지다'는 남용이 문제인 대표적인 서술어**
>
> ✔ **서술어가 구체적일수록 문장의 의미가 또렷**
> ▸ 예: 열다, 맺다, 품다, 느끼다, 보내다 등

조사 하나만 바꿔도
자연스러워지는 우리말

주격조사와 보조사의 차이

신문 기사나 보고서를 읽다 보면 문법이 틀린 건 아닌데 어딘가 어색하게 느껴지는 경우가 있습니다. 뜻은 이해되는데, 자연스럽지 않아 한 번 더 읽게 되는 문장들입니다. 다음 문장을 보겠습니다.

- 대한상공회의소 중소기업중앙회 등 경제단체들이 '한은이 추가 금리 인상에 신중해야 한다'고 촉구한 것도 이 때문이다.

- 서울 서초구 반포동 반포자이 전용 244m²는 지난달 65억 원에 거래된 소식이 전해지면서 부동산 시장의 화젯거리로 떠올랐다.

두 문장은 의미 전달에 큰 문제는 없지만, 조사 하나만 바꿔도 문장의 초점이 훨씬 또렷해집니다. 이런 차이를 만드는 것이 바로 '-이(가)'와 '-은(는)'입니다.

문법을 지키는 것은 세련된 표현을 쓰기 위한 지름길입니다. 문법은 구성원들이 함께 받아들이는 공통 규범이지요. 글쓰기에서도 문법을 지킬 때 문장의 요지를 정확히 잡아주어 자연스러운 표현이 나옵니다.

그런 면에서 '-이(가)'와 '-은(는)'을 구별해 사용하는 것이 좋습니다. '이(가)'는 문장에서 누가 무엇을 했는지를 분명히 드러낼 때 쓰는 말이고, '은(는)'은 이미 나온 대상을 화제로 삼아 그 뒤에 나오는 내용을 이끌어갈 때 쓰는 말입니다. 비슷해 보여도 문장에서 하는 역할이 다릅니다.

예를 들어 '부산이 대한민국의 제2의 도시다'와 '부산은 대한민국의 제2의 도시다'는 어떻게 다를까요? 먼저 '부산이'는 여러 도시 가운데 부산이라는 점을 강조하는 표현입니다. 문장의 중심, 즉 내용상 초점이 '부산'에 있습니다. 대구도 아니고 광주도 아니고 바로 '부산'이 그렇다는 뜻이지요.

이에 비해 '부산은'은 그 뒤에 나오는 내용이 초점이 됩니다. 다시 말해, '부산'을 화제로 꺼내놓고 뒤에 오는 설명인 '대한민국의 제2의 도시다'를 강조하는 표현입니다.

이제 앞에 예시로 든 두 문장을 다시 살펴볼까요?

주어를 강조하는 '-이(가)'

첫 번째 문장에서는 '한은이'보다 '한은은'이 자연스럽습니다.

앞에서 설명했지만 '이(가)'는 일반적으로 주어를 강조할 때 쓰는 조사입니다. 금리 인상은 당연히 한국은행의 역할이므로, 여기서 강조할 대상은 '한은'이 아니라 '금리 인상에 신중해야 한다'는 내용이지요. 주어인 '한은'을 굳이 강조할 필요가 없습니다. 오히려 이어지는 내용을 더 도드라지게 해야 전하려는 바가 명확해집니다. 즉 '한은이' 금리인상에 신중해야 한다는 게 아니라, 한은은 '금리 인상에 신중'해야 한다는 의미를 전달하는 문장입니다.

화제를 이끄는 '-은(는)'

반대로 두 번째 문장은 '은(는)'이 아니라 '이(가)'를 써야 하는 경우입니다. 즉 '반포자이 전용 244m²는'보다는 '반포자이 전용 244m²가'가 적절한 표현입니다. 이 문장은 화젯거리로 떠올랐다는 사실보다, 어느 아파트가 그렇게 되었는지가 핵심이기 때문입니다. 즉 주인공이 '반포자이'입니다.

요령을 알았으니 이제 응용해볼까요? 다음 문장을 읽으면서 핵심이 어디에 있는지 살펴보세요.

- 정부가 한국판 뉴딜 사업 규모를 60조 원 늘려 2025년까지 220조 원을 쏟아붓기로 했다.

여기서도 마찬가지로 '정부가'가 아니라 '정부는'이 적절합니다. '정부가'로 쓰면 '정부'에 방점이 찍히므로, 그 누구가 아니라 바로 '정부'라는 뉘앙스를 띠게 됩니다. 그런데 한국판 뉴딜 사업은 당연히 정부에서 하는 일이므로, '정부가'로 할 필요가 없습니다. 이 문맥은 뒤에 이어지는 내용, 즉 뉴딜 사업 규모를 키워 얼마를 쏟아붓는다는 게 새로운 팩트이므로 '정부는…' 식으로 화제를 이끌어가야 합니다.

다음 문장도 살펴보겠습니다.

- ○○○협회가 신한은행 부동산투자자문센터에 의뢰해 서울 18개 주요 아파트 단지의 작년과 올해 재산세와 종부세를 조사했다.

찬찬히 읽어보면 '(다른 곳이 아니라 바로) ○○○협회'가 조사했다는 게 중요한 게 아닙니다. ○○○협회에서 '…를 조사했다'고 화두를 던지는 문장입니다. 내용상 뒤에 오는 말에 방점이 찍혀 있습니다. 따라서 여기서도 화제를 이끄는 방식으로 '○○○협회는'이 적합합니다.

'-이(가)'와 '-은(는)'의 선택은 문장의 초점을 어디에 두느냐에 달린 문제입니다. 누가 무엇을 했는지를 또렷이 드러낼 것인지,

아니면 이미 나온 대상을 바탕으로 이야기를 이어갈 것인지에 따라 달라집니다.

조사 하나의 차이지만 이 사소한 선택이 문장의 힘과 자연스러움을 좌우합니다. 헷갈릴 때는 '지금 강조하려는 것이 주어인가, 내용인가'를 한 번 더 짚어보면 답이 명확해집니다.

> ⁉️ **키포인트**
>
> ✔ '-이(가)': 누가 했는지를 강조하고 싶을 때
>
> ✔ '-은(는)': 앞에 나온 주어를 화제 삼아 뒷말을 부각하고 싶을 때

동사문에 집중하면
문장이 살아난다

생동감 넘치는 서술어 선택하기

여기서 살펴볼 두 예문에는 공통적으로 '예정이다'라는 표현이 들어가 있습니다. 비슷해 보이지만, 글쓰기 관점에서 보면 둘은 성격이 다릅니다.

- 9일 기상청에 따르면 '카눈'은 10일 오전 (…) 내륙을 관통해 북진하고, 11일 새벽 북한으로 이동할 예정이다.

- 일부 국가 잼버리 대원들은 출국 일정을 미루고 한국에서 문화탐방과 관광 일정을 이어갈 예정이다.

예문들의 핵심만 남겨보면 각각 '카눈은 …으로 이동할 예정이다', '대원들은 …이어갈 예정이다'입니다. 이렇게 주어와 서술어만 남겨놓고 보니 확실히 첫 번째 예문은 어색합니다. 왜 그럴까요?

먼저 첫 번째 예문은 비문입니다. '카눈=예정'이 성립하지 않습니다. 두 번째 예문은 학자마다 다소 논란이 있지만 바른 문장의 범주에 넣을 수 있습니다. '대원들=예정', 즉 예정의 주체는 대원들이기 때문에 주어와 서술어를 동격으로 볼 수 있다는 뜻입니다.

'예정이다',
아무 때나 써도 괜찮을까

다른 측면에서 두 예문을 비교해볼까요? 첫 번째 예문의 '예정'은 문법적으로도 문제이지만, 단어 선택의 오류이기도 합니다.

'예정'은 '할 일을 미리 정하는 것'을 뜻합니다. 주체의 의지나 의도가 반영된 말이지요. 태풍은 스스로 진로를 '예정'할 수 없고 사람이 예측·관측하거나 예상할 수 있을 뿐입니다. 그래서 첫 번째 예문에서 '카눈'을 주어로 삼으려면 피동으로 쓸 수밖에 없습니다. 즉 '카눈은 (…) 북한으로 이동할 것으로 관측된다'가 올바른 표현입니다.

반면 두 번째 예문은 성격이 다릅니다. '대원들'은 실제로 일정을 조정하고 활동을 이어갈 수 있는 주체이므로 '예정'과 의미상 연결이 가능합니다. 다시 말해 '대원들=일정을 이어가기로 한 주체'가 성립하기 때문에 문장이 자연스럽게 읽힙니다. 다만 이 역시 문장에 따라서는 '이어갈 계획이다'나 '이어가기로 했다'처럼 동사형으로 풀어 쓰면 더 명확하고 힘 있는 표현이 될 수 있습니다.

명사문보다 동사문이
힘을 발하는 순간

'-이다'로 끝나는 문장을 흔히 명사문이라고 부릅니다. 명사의 효용은 개념성과 압축성, 간결성에 있습니다. 대신 서술성은 떨어지지요. 명사문은 무엇을 설명하기보다 어떤 대상을 규정하거나 이름 붙이는 데 적합한 문장입니다. '무엇이 무엇이다'라는 틀 안에서, 서술어로 쓰인 명사는 반드시 주어와 의미상 자연스럽게 이어져야 합니다. 이 연결이 성립하느냐에 따라 문장은 자연스러워지기도 하고, 어색해지기도 합니다.

신문 기사에 자주 등장하는 '-할 전망이다'라는 표현은 대표적으로 이 연결이 어색해지는 경우입니다. 다만 이런 표현이 모두 같은 문제가 있는 것은 아닙니다. 다 똑같은 비문이 아니라는 애기입니다.

- 그는 내일 떠날 계획이다.
- 그는 내일 떠날 전망이다.

두 예문은 같은 유형의 명사문으로 보이지만 문장이 틀린 이유가 다릅니다. 첫 번째 예문을 동사문으로 바꾸면 "그는 내일 떠나려고 계획하고 있다"입니다. '그=계획의 주체'입니다. 따라서 '계획이다'는 주어의 동작이나 속성을 나타내는 것으로 볼 수 있으므로 자연스러운 문장의 범주에 들어갑니다.

그에 비해 두 번째 예문의 '전망이다'는 주어 '그'와 연관성이 없습니다. 첫 번째 예문과 달리 '그≠전망의 주체'입니다. '전망'의 주체는 화자(話者)이거나 제3의 누군가로 보이는데, '그'가 주어인 문장에서 서술어로 행세하고 있으니 머리 따로, 꼬리 따로인 셈이지요.

- 수출이 급속히 늘어날 전망이다.
- 아파트 분양이 활발해질 전망이다.

위의 두 문장은 어떤가요? 둘 다 올바른 표현이 아닙니다. '전망이다' 부분을 '-ㄹ 것으로 전망된다'라고 써야 바른 문장이 됩니다. 피동형으로 바꿔 동사문으로 써야 하지요.

더 좋은 방법은 '전망'이라는 행위의 주체를 드러내 주어로 삼는 것입니다. 가령 '전문가'와 '업계'가 주어라면 이렇게 바꿀 수 있습니다.

- 전문가들은 수출이 급속히 늘어날 것으로 <u>전망하고 있다</u>.
- 업계에서는 아파트 분양이 활발해질 것으로 <u>전망한다</u>.

이제 글이 훨씬 더 자연스러워졌습니다. 이처럼 대개 행위의 주체, 즉 주어와 서술어와 호응하지 않으면 문장이 어색해집니다. '계획'은 사람이 세우는 것이고, '전망'은 누군가가 내다보는 것입니다. 주어가 그 역할을 감당할 수 있을 때 문장은 자연스럽게 읽히고, 그렇지 않을 때 문장은 겉보기만 그럴듯한 채 중심이 흔들립니다.

키포인트

✔ **'예정'은 의지가 있는 주체에게만**
  ▶ 태풍이나 날씨는 '예정'하는 행위의 주체가 될 수 없음
  ▶ 자연 현상에는 '예상된다', '관측한다' 사용

막연한 시간 표현은
글을 불확실하게 만든다
'최근'의 범위

만일 누군가에게 "최근에 뭐 재미있는 일 없었어?"라는 질문을 받는다면, 여러분 머리속에 떠오르는 시기는 언제일까요? 누군가에게는 오늘 아침의 커피 한 잔이겠지만, 누군가에게는 지난 계절의 여행일 수도 있습니다. 이처럼 고무줄처럼 늘어났다 줄어드는 '최근'이라는 시간의 정체는 무엇일까요?

- 최근 4년간 변호사가 징계 처분을 받은 사례는 총 316건인 것으로 나타났다. (…) 대한변호사협회가 최근 발간한 〈징계사례집 제8집〉에는 2019년부터 2022년까지 불성실 변론, 사기 등으로 징계받은

사례 316건이 담겼다.

이 예문에 특별히 눈에 띄는 문법적 오류는 없습니다. 하지만 잘 살펴보면 '최근'이 두 번 쓰였는데 그 쓰임새가 좀 다르다는 게 드러납니다. 같은 '최근'인데 '최근 4년간'과 '최근 발간한'에서 나타내는 기간은 분명 다릅니다.

'최근'의 정체가 무엇이기에 이럴까요? '최근'은 우리말에서 독특한 위치에 있는 단어입니다. 모호한 듯하지만 누구나 알아듣고, 대충 말하는 것 같은데 서로 이해할 수 있다는 점에서 그렇습니다. 그렇다고 구체적으로 가리키는 게 무엇인지는 드러나지 않습니다.

'최근'의 사전 풀이는 '얼마 되지 않은 지나간 날부터 현재 또는 바로 직전까지의 기간'입니다. 일상에서 아무 거리낌 없이 이 말을 쓰지만 그 '얼마 되지 않은 지나간 기간'이 정확히 언제인지는 모릅니다. 말하는 사람도 그렇고 듣는 사람도 마찬가지이지만 서로 이해했다고 생각합니다. 아니 그런 착각에 빠집니다. 그러다 보니 무려 4년 전부터의 기간도 '최근'이고 며칠 전 일도 '최근'으로 통합니다.

예문에서 '최근 4년간'이라는 표현은 적절하지 않습니다. 4년을 얼마 되지 않은 즈음으로 보기에는 무리가 있기 때문입니다. 그래도 사람들은 그냥저냥 받아들입니다. 말에 대해 논리적으로 따지지 않는다는 얘기이지요. 그렇지만 정확한 글쓰기, 특히 저널리즘 글쓰기에서는 주의해야 합니다. 구체적이고 명료하게 쓰지 않으면 정확한 정보가 전달되지 않을 수 있기 때문입니다.

최근의 범위, 2일 전부터 10년 전도?

몇 가지 사례를 더 살펴볼까요?

- 4일 소속사 □□□ 스튜디오에 따르면, ○○○는 최근 방송사 측으로부터 하차를 통보받았다.
- ○○○ CEO는 최근 5개월간 7차례 해외출장을 다녀오는 등 광폭 행보를 보이고 있다.
- 최근 10년 새 혼인 건수가 약 40% 줄어든 것으로 나타났다.

각 예문에 쓰인 '최근'의 시간적 범위가 꽤나 넓다는 것을 알 수 있습니다. 첫 번째 예문에서는 통상 2~3일 전부터 열흘 전후를 가리키는 것으로 읽힙니다. 두 번째와 세 번째 예문은 최근이라는 말이 5개월, 10년 기간에도 쓰일 수 있음을 보여줍니다. 2~3일 전도 '최근'이고 일주일 전, 한 달 전, 심지어 5~6개월 전, 수년 전도 문맥에 따라 '최근'으로 씁니다. 이렇게 주관적이고 모호한 말은 적절치 않습니다. 구체적이고 명료하게 써야 합니다.

대개는 정확한 시점을 밝힐 필요가 없는 문맥이거나 구체적

시점을 가릴 때 '최근'을 사용합니다. 뉴스 언어로서는 첫 번째 예문의 용례가 적절하고, 두 번째 예문은 '지난 5개월간', 세 번째 예문은 '지난 10년 새' 정도로 쓰는 게 좋습니다.

문장을 힘 있게 쓰기 위해서는 구체적으로 써야 합니다. '최근'은 폭넓은 쓰임으로 인해 편하기는 하지만 무책임한 표현입니다. 시점을 정확히 드러내는 것이 가장 좋지만, 글의 흐름상 시점이 중요하지 않을 때가 있습니다. 이런 때 무심코 습관적으로 붙이는 '최근'을 조심해야 합니다. 굳이 넣지 않아도 될 때는 쓰지 않는 게 방편입니다.

 키포인트

✔ 최근: 얼마 되지 않은 지나간 날부터 현재 또는 바로 직전까지의 기간

✔ '최근'보다 '지난 ○개월간', '지난 ○년 새'처럼 구체적으로 쓰기

인과관계를 매끄럽게 잇는 법

'-어서다' 바로 쓰기

모든 글이 그렇지만 특히 인과관계 문장은 엄격하게 써야 합니다. 논리성을 드러내는 말이라 정확하게 잘 사용해야 설득력을 높일 수 있습니다. 글에 탄력성과 짜임새를 주기도 합니다. 그러나 잘못 쓰면 글의 흐름이 어색해지고, 오히려 허술해 보이게 합니다.

- IT 업계를 중심으로 소프트웨어, 인공지능(AI), 빅데이터 전문가 등 개발자 구인난이 심해지면서 중소기업에도 불똥이 튀고 있다. 고액 연봉, 주식매수청구권(스톡옵션) 등 자본력을 앞세운 대기업들이 개

발자를 싹쓸이하면서 중소기업의 인력 유출이 잇따르고 <u>있어서다.</u>

이 예문에서 '-어서다'는 '-기 때문이다'를 대체하는 표현입니다. 의미가 거의 같다 보니 잘못 쓰는 경우가 꽤 있습니다. '때문이다' 구문의 틀에 맞춰 예문을 분석해볼까요?

① 개발자 구인난이 심해져 중소기업에도 불똥이 튀고 있다. (결과문)
② 대기업이 개발자를 싹쓸이해 중소기업의 인력 유출이 잇따르고 있기 때문이다. (원인문)

이를 다시 한 문장으로 묶어보겠습니다. '②중소기업의 인력 유출이 잇따르고 있기 때문에(원인) ①중소기업에도 불똥이 튀고 있다(결과)'라는 이상한 문장이 됩니다. 인과관계가 아니라는 뜻입니다.

내용을 살펴보면 ①과 ②는 결국 같은 의미입니다. 같은 얘기를 다른 방식으로 설명하고 있을 뿐입니다. 따라서 '-어서다'로 연결할 구문이 아닌 것입니다. '인력 유출이 잇따르고 있어서다' 대신 '인력 유출이 잇따르고 있다'로 마치면 그만입니다.

응용해볼까요? 국내 저비용 항공사들의 적자 탈출 소식을 전한 다음 예문에서도 같은 오류를 찾을 수 있습니다.

- 코로나가 본격화된 이후 지속적으로 적자 행진을 이어오던 국내 저

비용 항공사(LCC)들이 지난해 4분기에 처음 흑자전환했을 것이란
기대감으로 부활의 날갯짓을 하고 있다. 코로나 방역 규제 완화 이
후 국제선 운항이 늘고, 여객 수가 급증하면서 이에 따른 LCC들의
실적 개선 가능성도 커지고 있어서다.

'부활의 날갯짓=실적 개선'입니다. 인과관계가 아니라 같은 말
을 표현만 다르게 했을 뿐이란 게 드러납니다. 따라서 두 번째
문장을 '-어서다'로 마무리할 게 아니라 '-커지고 있다'로 끝내야
합니다.

참고로 '-어서'는 원래 이유나 근거를 나타냅니다. '강이 깊어
서 건너기가 어렵다', '비 온 뒤 길이 질어서 걷기 힘들다'처럼 쓰
입니다. 이 말을 요즘에는 '-어서다' 형태로 많이 씁니다. 주로 구
어에서 보이고, 문장에서는 전통적으로 '-기 때문이다'를 썼습
니다. 그래서 문어투에 익숙한 사람은 '-어서다'를 어색해하기도
합니다. 그런 점에서 사전에서 이것을 연결어미로만 처리한 것은
문제가 있습니다. 이미 종결어미로도 훌륭하게 쓰이고 있기 때
문입니다.

'-면서'에 스며든 인과관계 용법

앞에서 살펴본 예문에서 정통적인 어법을 벗어난 용법도 눈여

겨볼 만합니다.

- 개발자 구인난이 심해지면서 (…) 불똥이 튀고 있다.
- 개발자를 싹쓸이하면서 (…) 인력 유출이 잇따르고 있다.

이들 문장은 특징이 있습니다. 각각의 문장 안에서 '원인-결과' 형식으로 나열되고 있다는 점입니다.《표준국어대사전》을 기준으로 하면 '-면서'에 이런 용법은 없습니다. 정통적인 어법에서는 이런 식으로 이어갑니다.

- 구인난이 심해짐에 따라(또는 심해지자/심해져) (…) 불똥이 튀고 있다.
- 개발자를 싹쓸이함에 따라(또는 싹쓸이하자/싹쓸이해) (…) 인력 유출이 잇따르고 있다.

하지만 요즘에는 '-면서'를 이렇게 '원인-결과'를 이어주는 말로 많이 쓰고 있습니다.《고려대 한국어대사전》은 이를 반영해 연결어미 '-면서'에 예문과 같은 용법을 올려놓아 다르게 처리하기도 했습니다. '-면서' 용법으로 수용한 것입니다.

원인과 결과가 분명히 구분될 때는 그 관계를 또렷하게 드러내고, 같은 내용을 반복하는 수준이라면 과감히 덜어내는 것이 좋습니다. 익숙한 표현일수록 무심코 이어 붙이기 쉽지만, 한 번 더 따져보는 습관이 글의 논리와 밀도를 높여줍니다.

힘 있는 문장 만들려면 관형어 대신 부사어로

관형어 문구의 남발

- 올해 안에 100억 매출 달성은 <u>어렵다는 설명을 했다</u>.
- 올해 안에 100억 매출 달성은 <u>어렵다고 설명했다</u>.

같은 내용이지만 두 번째 예문이 더 자연스럽게 읽힙니다. '어렵다는 설명을 했다'와 '어렵다고 설명했다'는 무슨 차이가 있을까요? 부사어를 써야 할 때 습관적으로 관형어를 쓰는 경향을 여기에서도 찾아볼 수 있습니다. '각별히 신경 쓰다', '톡톡히 재미 봤다'라고 할 것을 '각별한 신경을 쓰다', '톡톡한 재미를 봤다'라고 하는 식입니다.

부사어를 써야 서술어가 살아나 문장에 리듬이 생기고 글이 탄탄해지는데, 무심코 관형어로 연결하는 것입니다.

우선 '-다고 설명하다'의 문법 구조를 알아볼까요? 이때 '-고'는 앞말이 간접 인용되는 말임을 나타냅니다. 글쓰기에서 흔한 용법이므로 잘 알아둘 필요가 있습니다. '아직도 네가 잘했다고 생각해?'에서 쓰인 '-고'가 그것입니다. 이때 앞에 나온 말이 직접 인용되는 말임을 나타낼 때는 '-라고'를 씁니다. "그는 '저는 홍길동입니다'라고 자신을 소개했다"라는 식입니다.

직접 인용에서는 원래 말한 그대로 옮기는 게 원칙입니다. 문제는 '부사어+서술어' 결합 구조인 '-다고 설명하다'를 자꾸 관형어 문구로 바꿔 쓰는 경향이 있다는 점입니다. 관형어 뒤에는 반드시 명사가 와야 하므로 문장 구조가 달라집니다. '-다는 설명을 하다', 즉 '관형어+명사+을/를+하다' 구조가 되는 것입니다. 이런 변형은 부지불식간에 일어나므로 주의해야 합니다.

- 악수를 하다 → 악수하다
- 인사를 하다 → 인사하다
- 진입을 하다 → 진입하다
- 조사를 하다 → 조사하다

몇 가지 사례만 봐도 이런 유형의 함정이 얼마나 흔한지 알 수 있습니다.

관형어화 남발이 글의 리듬을 죽인다

특히 부사어를 써야 할 곳에 습관적으로 관형어를 쓰는 경향을 조심해야 합니다. '관형어+명사+서술어' 형태를 버리고 '부사어+서술어'로 곧바로 쓰는 게 요령입니다. '-다는'은 '-다고 하는'이, '-라는'은 '-라고 하는'이 각각 줄어든 말입니다. 관형어 문구를 남발하면 글이 늘어지게 됩니다. 부사어를 활용해야 문장에 리듬이 생기고 단어 간 연결이 긴밀해집니다. 그것이 곧 힘 있는 문장을 만드는 비결 중 하나입니다. 다음 문장을 통해 이를 확인해볼까요?

- ○○시의 조치는 주민 편익과 지역경제를 우선시한 용기 있는 결정이라는 평가를 받았다.

'-라는 평가를 받았다' 문장을 간결하고 세련되게 쓰기 위해 구조부터 살펴보겠습니다. 이는 '관형어+명사'가 목적어를 이루고, 그 뒤에 서술어 '받았다'로 마무리한 형태입니다. 이렇게 쓰면 글이 늘어질 수밖에 없습니다. 말로 할 때는 '-라고 평가받았다'라고 합니다. '-라고'를 쓰는 게 자연스럽고 간결한 인용 방식입니다. 그러면 뒤따르는 말도 곧바로 서술어 '평가받다'가 옵니다. 이게 원래 말할 때의 어법입니다.

글로 쓸 때 '-라는'이라는 관형어로 바꾸는 것은 잘못된 글쓰기 습관 탓입니다. 그러니 이어지는 말도 명사('평가를')가 오고 그런 뒤에야 비로소 서술어 '받았다'로 마무리할 수밖에 없는 구조인 셈입니다.

 **키포인트**

✔ **관형어구 → 부사어구로 바꾸기**

▶ 예: 각별한 신경을 쓰다 → 각별히 신경 쓰다,

　　톡톡한 재미를 보다 → 톡톡히 재미 보다

✔ **인용문은 간결하게**

▶ 예: 용기 있는 결정이라는 평가를 받았다

　　→ 용기 있는 결정이라고 평가받았다

글의 흐름을 바꾸는 접속어 쓰는 법

'다만'의 용법

　'다만'은 문장과 문장을 이어주는 말입니다. 이 말의 용법을 주목해야 할 이유는 두 가지입니다.

　하나는 의미상 잘못 사용하는 경우가 많다는 점이고, 다른 하나는 남발되고 있다는 것입니다. 이로 인해 글이 자연스럽게 흐르지 않고, 의미 전달이 어색해집니다. 군더더기로 작용하는 셈이지요.

　우선 '다만'의 용법에 대해 알아볼까요? '다만'은 문장 안과 문장 앞에서 쓰이는데, 의미하는 바가 조금 다릅니다. 우선 문장 안에서 쓰일 때는 '다른 것이 아니라 오로지'라는 의미를 띱니다. 다음 문장을 예로 들 수 있습니다.

- 내 수중에 있는 것은 다만 1만 원뿐이다.

문장 앞에 쓰이는 경우도 많습니다.

- 다만 결과를 예단하기에는 아직 이르다.

우리가 주목하는 것은 바로 이 쓰임새입니다. 이때는 앞의 말을 받아 예외적 사항이나 조건을 덧붙이는 기능을 합니다. 여기서 '다만'은 '단지'로 바꿔 쓸 수 있습니다.

'다만'의 용법을 이해했으니, 다음 글에 쓰인 '다만'이 왜 잘못되었는지 살펴볼까요?

- 깔따구 유충으로 의심되는 물질이 발견된 황금정수장과 김천시 관내 배수장에서는 환경청과 낙동강 수도지원센터 관계자 등이 깔따구 유충 유입 경로를 확인하는 역학조사 중이다. 다만 오는 25일 개막을 앞둔 김천 김밥축제 용수 공급에는 비상이 걸렸다.

깔따구 유충 의심 물질이 발견되어 김천시가 비상이 걸린 상황이라 김밥축제도 당연히 영향을 받을 것입니다. 따라서 이는 예외적이거나 조건을 덧붙일 상황이 아닙니다. 이를 무리하게

'다만'으로 연결해 어색함을 자초한 것이지요.

- 이에 따라(또는 '이 때문에') 오는 25일 개막을 앞둔 김천 김밥축제에도 용수 공급에 비상이 걸렸다.

이런 식으로 써야 합니다.

접속어 남발은 군더더기일 뿐

글쓰기에서 '다만'을 비롯해 각종 접속어는 조심해서 써야 합니다. 군더더기일 때가 많아 빼고 나면 더 깔끔하고 문장에 힘이 붙습니다.

① 지역별 성비 불균형은 혼인율 반등을 위해 반드시 해결해야 할 과제다. 다만 정부가 추진하는 지역 정책에서 성비 문제는 빠져 있다.
② 국제통화기금(IMF)이 올해 한국 경제성장률 전망치를 종전과 동일한 1.4%로 유지했다. 다만 내년 경제성장률 전망치에 대해서는 중국 경기침체 심화 등을 이유로 종전 2.4%에서 2.2%로 낮췄다.

두 예문에서도 '다만'이 상투적으로 쓰였습니다. 굳이 따지자면 ①에서는 '그러나' 정도가 적당합니다. 또는 없어도 되는 맥락입니다.

②에서도 '다만'을 삭제해야 의미 전개가 명료해집니다. 올해와 내년의 성장률 전망치를 나열하는 대목입니다.

이처럼 '다만'은 예외나 조건을 덧붙일 때에만 제 기능을 합니다. 원인과 결과를 잇거나 단순 나열에 쓰면 문장의 힘이 약해집니다. 습관처럼 붙인 '다만'을 덜어내는 것만으로도 글은 훨씬 또렷해집니다.

'다만'뿐만이 아닙니다. '특히, 실제로, 사실, 실로, 현재, 정말, 진짜, 참으로, 결국, 마침내, 그런데, 나름대로, 무려, 이에, 이를테면, 이에 따라, 이에 대해, 반면, 그런데, 그래서, 하지만' 등 강조하거나 이어주는 말이 많습니다. 이들은 문장에서 강세를 주기 위해 쓸 때도 있겠지만 의미상으론 대부분 군더더기에 지나지 않습니다. 글을 늘어지게 할 뿐, 빼고 보면 훨씬 간결해집니다. '접속어 줄이기'는 문장을 힘 있게 쓰는 글쓰기 기법 중 하나입니다.

접속어를 쓸지 말지 고민이 될 때는 일단 접속어 없이 문장을 쓰고 읽어보면 됩니다. 대부분 접속어를 쓰지 않아도 내용을 전달하는 데 무리가 없다는 걸 발견할 수 있을 것입니다.

 **키포인트**

✓ **'다만'은 언제 쓸까?**

　▶ 앞의 내용에 대해 '예외'를 두거나 '특별한 조건'을 덧붙일 때

✓ **앞 사건의 결과로 뒤의 사건이 일어나는 경우**

　▶ '이에 따라' 혹은 '이 때문에'

'의'가 있어야 할 곳과 없어도 될 곳

불필요한 조사 걷어내기

- 환경부로 에너지 정책 이관은 신중할 필요가 있다. 환경부로 '물 관리 일원화' 이후 현재까지도 전문성이 부족하다는 비판이 나온다. 에너지 정책도 같은 비판에 직면하지 않으려면 '화학적 결합'을 단계적으로 추진해야 한다. 친환경 에너지로 전환도 중요하지만, 국가 기간산업인 발전 산업도 그에 못지않게 중요하다. 통합이 에너지 정책의 전문성을 저해하는 결과가 되어선 안 된다.

이 문장에는 같은 유형의 오류가 여럿 숨어 있습니다. 읽을 때는 자연스럽게 넘어가기 쉽지만, 알고 보면 문장의 뼈대가 어긋난 경우입니다. 문제의 표현은 다음 세 곳입니다.

① 환경부로 에너지 정책 이관은

② 환경부로 '물 관리 일원화' 이후

③ 친환경 에너지로 전환도

이 세 곳에는 공통적 오류가 있습니다. 모두 '의'를 생략해 비문이 되었다는 점입니다.

① '환경부로' 뒤에는 서술어가 와야 한다는 것을 놓치면 안 됩니다. 부사어 뒤에는 서술성 있는 동사나 형용사가 오는 게 당연합니다. 그게 우리 문법입니다. 그런데 '환경부로 (…) 이관은'으로 연결되었습니다. 부사어 뒤에 명사(이관은)가 옴으로써 비문이 되었습니다.

이런 오류는 너무나 흔해 자칫 오류인 줄도 모르고 넘어가는 이가 많습니다. '환경부로 에너지 정책을 이관하는 것은' 식으로 동사(이관하는)를 살려야 합니다. 그래야 온전한 문장이 되어 전체 문장의 주어절 역할을 맡습니다.

이것을 명사구로도 표현할 수 있습니다. '환경부', '에너지 정책', '이관'이라는 세 개의 정보를 가장 간결하게 연결하는 방식은 '의'를 붙여 명사구로 만드는 것입니다. '환경부로의 에너지 정책 이관'이 그것이지요.

이때 '-로'는 움직임의 방향을 나타내는 말이므로 생략하면 안 됩니다. 이로써 '환경부로'는 부사어가 되어 '환경부로 어찌하다(동사)' 형식의 문구를 취하게 됩니다. 따라서 '어찌하다' 자리에 동사가 아닌, 명사가 오면 비문이 되는 것입니다.

비문을 바로잡는 두 가지 해법

절의 형태를 명사구('명사+명사')의 형식으로 이어주는 역할을 하는 게 '-의'입니다. 즉 '환경부로의 에너지 정책 이관은'이라고 해야 온전한 표현의 명사구가 됩니다. 이때 '-로'와 '-의'는 생략할 수 없습니다.

②와 ③의 사례도 같은 오류의 비문입니다. ②는 '환경부로의 물 관리 일원화 이후' 또는 '환경부로 물 관리 일원화를 한 이후' 또는 '환경부로 물 관리를 일원화한 이후' 등으로 바로잡을 수 있습니다.

③ 역시 '친환경 에너지로의 전환도' 또는 '친환경 에너지로 전환하는 것도' 등으로 써야 바른 문장이 됩니다. 요령은 '의'를 붙여 명사구로 만들거나, 부사어를 받는 동사를 살려 절의 형태를 갖추는 것입니다.

우리말의 강점 중 하나는 명사만으로도 의미를 연결해 나타낼 수 있다는 점입니다.

가령 주식 투자자 사이에 화제가 되고 있는 '주식 양도소득세

대주주 기준 논란'이라는 표현을 살펴볼까요? 이를 풀어 쓰면 '주식 양도소득세의 대주주 기준에 대한 논란' 정도가 될 것입니다. 이를 '의'와 '에 대한'을 빼고 명사만 나열한 것이 예시문입니다.

마찬가지로 '인권의 존중'은 '인권 존중'으로, '꽃의 향기'는 '꽃향기', '감소의 폭'은 '감소 폭'으로 쓰는 게 간결하고 우리말다운 표현입니다. 이런 데까지 '의'를 붙일 필요는 없습니다. 이런 용법은 굳이 문법적 설명을 하지 않아도 한국인이라면 누구나 알 수 있습니다. 앞의 표현은 늘어지고 뒤엣것이 긴밀한 구성이라는 점을 직관적으로 느낄 수 있습니다.

⁉ 키포인트

✔ **격조사 뒤에는 '의'가 필요**
  ▶ 예: 환경부로 이관 → 환경부로의 이관, 환경부로 이관하는 것

✔ **명사와 명사 사이에는 '의' 생략 가능**
  ▶ 예: 인권의 존중 → 인권 존중,
       꽃의 향기 → 꽃향기

글의 호흡을 가르는 마침표 바로 찍기

작지만 강한 문장부호, 마침표

연월일을 적을 때 한글 대신에 마침표를 쓰는 것은 문장부호법에 따른 용법입니다. 문장부호법에 따르면, 아라비아숫자만으로 연월일을 표시할 때 글자 대신 마침표로 나타낼 수 있습니다. 즉 '2026년 3월 10일'을 '2026. 3. 10.'으로 써도 됩니다.

이때 주의할 게 있습니다. '일'을 나타내는 마침표를 생략하면 안 된다는 점입니다. 하지만 실생활에서는 '2026. 3. 10'으로 마침표를 빼먹는 경우가 많습니다. 이는 마치 '2026년 3월 10'처럼 연월일을 쓰다 만 것이 되어 잘못된 표기입니다. 마침표를 찍지 않으면 다른 숫자를 덧붙여 변조할 우려도 있습니다. 따라서 맨 뒷

자리의 마침표를 생략해서는 안 됩니다.

'2026.3.10.'으로 붙여 쓰는 것 역시 틀린 표기입니다. 월/일을 나타내는 '3. 10.'은 각각 새로운 단어에 해당하므로 한글맞춤법의 대원칙인 '각 단어는 띄어 씀을 원칙으로 한다'는 정신에 따라 '2026. 3. 10.'이라고 해야 정확한 표기입니다.

사소한 마침표, 띄어쓰기라도 정확하게

많은 사람이 마지막 '일' 자리에 마침표를 찍지 않으며, 그게 오류인 줄도 모릅니다. 놀랍게도 이 오류는 너무도 널리 퍼져 있어서 대부분 틀린 것에 더 익숙해져 있을 정도입니다. 오히려 '2026. 3. 10.'이라는 바른 표기를 낯설게 느끼기도 합니다.

혹자들은 뭐 그런 것까지 그리 까탈스럽게 따지냐고 말할 수 있습니다. 하지만 사소해 보이는 오류까지 치밀하게 걸러내야 하는 것은 우리말과 글을 이치에 맞게 합리적으로 써야 하기 때문입니다. 올바른 말과 글의 사용이 논리적인 사고의 밑바탕이 된다는 것도 잊어서는 안 됩니다.

마침표 용법과 관련해 또 하나 궁금해하는 게 인용한 문장의 끝에 마침표를 찍을지 여부입니다.

- 그는 "지금 바로 떠나자."라고 말했다.

- 그는 "지금 바로 떠나자"라고 말했다.

결론부터 말하면 두 표기 모두 맞습니다. '떠나자.'가 원칙이지만, '떠나자'도 허용됩니다. 예전에는 문장 안의 인용문에서도 마침표를 꼭 찍어야 했습니다. 하지만 현실적으로 마침표를 찍지 않는 경우가 많고, 따옴표가 이미 인용한 문장의 경계를 드러내기 때문에 이제는 둘 다 허용하는 쪽으로 바뀌었습니다.

 **키포인트**

✔ **날짜 맨 뒤에 마침표를 꼭 찍을 것**
▶ 예: 2026. 3. 10.

✔ **연·월·일 사이는 반드시 띄어 쓸 것**
▶ 예: 2026.3.10. (X), 2026. 3. 10. (O)

습관이 만든
문장의 군더더기

'-ㄹ 수 있다'의 함정

글쓰기에서 조심해야 할 여러 유형 가운데 하나가 상투어 남발입니다. 상투어란 익숙한 표현이지만 하도 흔하게 써서 진부해진 것을 말합니다. '-이 화제다', '주목을 받고 있다' 등이 그런 예이지요. 별것 아닌 이야기를 하면서 '출사표를 던졌다', '-을 웅변한다'고 하는 것도 마찬가지입니다. 그중에서도 '-ㄹ 수 있다'와 '것이다'라는 말은 간과하기 십상입니다. 습관적으로 쓰다 보니 아예 당연한 것처럼 여겨 문제점을 깨닫기조차 어려울 정도입니다.

‘-ㄹ 수 있다’는 ‘어떤 일을 이루거나 어떤 일이 발생하는 것이 가능함을 나타내는 말’입니다. ‘나는 무엇이든지 잘할 수 있다’거나 ‘네게도 그런 일이 일어날 수 있으니 조심해라’ 등이 전형적인 쓰임입니다. 굳이 나누자면 ‘능력’과 ‘가능성(확률)’에 쓰는 표현입니다. 영어의 ‘can’과 ‘maybe’에 해당합니다. 영어에서는 두 가지를 구별해 쓰지만 우리말에서는 ‘-ㄹ 수 있다’로 두루 표현합니다.

그런데 같은 ‘-ㄹ 수 있다’를 쓴 문장이지만 문맥에 따라 어색하게 느껴지는 경우가 있습니다.

- 판로가 여의치 않은 중소기업은 그만큼 회사가 쉽게 <u>망할 수 있다</u>는 불안감이 크다.
- 그리 펑펑 쓰다 보면 예산이 <u>부족해질 수 있다</u>.
- 전문적인 내용이라 일반 독자가 읽기에는 <u>버거울 수 있다</u>.

이런 문장의 공통점은 무엇일까요? 모두 비(非)의지 서술어로서, 어떤 일이 일어날 가능성을 말하고 있다는 점입니다.

국어에서 이런 용법은 문법적으로 틀린 것은 아니며, 현실적으로도 광범위하게 쓰입니다. 하지만 어색한 것은 어쩔 수 없습니다. 화자의 의지가 담기지 않을 때는 ‘-ㄹ 수 있다’보다 ‘-일지 모른다’가 자연스럽습니다. 예문을 모두 ‘-일지 모른다’로 바꿔놓고 보면 훨씬 우리말답게 느껴질 것입니다. 이 외에도 ‘-할 가능성이 있다/-할 것 같다/-할 듯하다/-할 듯싶다/-할 만하다/-할 판이다/-할 우려가 있다' 등을 문맥에 따라 적절하게 골라 쓰는 게 요령입니다. '겠'(미래 사건에 대한 추측 또는 가능성·능력을 나타내는 어미)을 활용하는 방법도 있습니다.

'-ㄹ 수 있다'로 통용되는 우리말 '가능성 표현'을 다양하게 써야 합니다. 그래야 우리말 어휘가 살아나고 넉넉해집니다. "이 옷이 너한테 클 수 있어"라고 말하지 말고 '클지 몰라'라고 해보세요. "내일은 비가 올 수 있다"보다 "비가 올지 모르겠다"고 하는 게 자연스러운 우리 말투입니다.

무심코 덧붙인 '-ㄹ 수 있다', 덜어내야 할 군더더기

또 다른 문제는 '-ㄹ 수 있다'를 습관적으로 붙이는 것입니다.

- 대구 시민이 참여할 수 있는 다양한 부대행사도 마련했다.
- 10년을 끌어온 갈등과 논란이 종지부를 찍을 수 있을지 주목된다.
- 열 손가락 안에 꼽을 수 있을 정도로 적다.

무심히 넘기기 쉬운 문장들입니다. 뭐가 잘못되었는지 말로 해보면 답이 나옵니다. 대구 시민이 '참여하는' 것이지 '참여할 수 있는’ 것이 아닙니다. 마찬가지로 ‘종지부를 찍을지’ 주목되는 것이고, ‘꼽을 정도로’ 적다는 뜻입니다.

‘-ㄹ지’와 ‘-ㄹ’은 막연한 의문, 추측을 나타내는 어미입니다. 이런 데 쓰인 ‘-ㄹ 수 있다’는 모두 군더더기입니다. 특별한 의미를 더하는 게 아니라 무심코 덧붙였을 뿐입니다. ‘-ㄹ 수 있다’ 부분을 삭제하면 간결해집니다.

심할 경우 ‘사막에서 오아시스를 만난 것과 같다고 할 수 있다’, ‘성공할 수 있는 가능성이 있다’ 식으로 쓰기도 합니다. 지나치게 조심스러울 뿐만 아니라 의미상 동어반복이라 비문에 가깝습니다. ‘만난 것과 같다’, ‘성공할 가능성이 있다’면 충분합니다.

키포인트

✔ 참여할 수 있는 행사 (X) ➜ 참여하는 행사 (O)

✔ 옷이 클 수 있어 (X) ➜ 옷이 클지도 몰라 (O)

서술어가 다양할수록 말의 느낌이 살아난다

'만들다'를 대체하는 다양한 서술어

"무릇 언어를 다듬는 데는 조화롭고 아름다우며 정결하고 정미하게 하고자 할 따름입니다. (…) 형태가 다양해 한 가지로 개괄할 수 없고, 내용이 명료해 여러 가지로 나눠지지 않으며, 형태와 내용이 적절하게 서로 알맞아야 합니다."

조선 후기 3대 문장가 중 한 명으로 꼽히는 문신(文臣) 이건창(1852~1898)이 말하는 작문 비법 한토막입니다. 학자이자 문신인 여규형이 작문에 대한 가르침을 달라고 청하자 편지로 답하는 형식을 빌려 썼습니다.

그의 문장론은 요즘의 글쓰기에 적용해도 손색이 없을 만큼 뛰어납니다. 지금의 눈으로 해석하면 단어 하나를 고르는 데도 심혈을 기울이고, 다양한 '말'을 쓰되 '뜻'이 명료해야 한다는 게 요지입니다. 그런 관점에서 최근 우리 문장을 병들게 하는 표현 들을 살펴볼까요? 언제부터인지 이런 말들이 시나브로 널리 퍼 졌습니다.

- 어린이들이 '한가위 음식 만들기' 체험행사에서 송편을 <u>만들고 있다</u>.
- 나팔꽃이 자라면서 창문에는 그늘이 <u>만들어져</u> 시원했다.
- 시민도 정부도 행복한 지속가능한 해법을 <u>만들었다</u>.
- 실내에서 운동을 하도록 체육관을 <u>만든다</u>.

예문 모두 서술어로 '만들다'가 쓰였습니다. 이 말이 왜 문제가 될까요? 《표준국어대사전》은 '만들다'에 13개의 풀이를 올렸습니 다. 뜻풀이 첫 항목은 '노력이나 기술 따위를 들여 목적하는 사 물을 이루다'입니다. '음식을 만들다/오랜 공사 끝에 터널을 만들 었다/이순신이 거북선을 만들었다' 등이 그 쓰임새이지요.

한글학회에서 1957년에 완간한 《조선말 큰사전》만 해도 '만 들다'의 풀이는 '기술이나 힘을 들여 목적하는 일이나 물건을 이 루다' 하나였습니다. 《표준국어대사전》의 첫째 풀이와 별반 다르 지 않습니다. '만들다'는 애초 이런 뜻으로 쓰던 말이라는 것을 알 수 있습니다. 하지만 한글학회 역시 1991년에 수정 증보해 펴 낸 《우리말 큰사전》에서는 그 풀이를 10개로 늘렸습니다. 단어 풀이의 변천은 시간이 흐르면서 의미 영역이 확대된 데 따른 자연스러운 결과입니다.

빚고, 맺고, 세우다…
다양한 서술어의 제자리 찾기

그런데 그 세력을 방치하다 보니 어느새 '만들다'가 본래 있던 서술어를 모두 먹어치운 격이 되었습니다. 송편은 만드는 것보다 '빚는' 게 더 정감 있습니다. 관계는 원래 '맺다'와 어울리던 말입니다. 그늘은 '생기는' 것이고, 해법이 '나왔다'고 하는 게 자연스러운 우리말 표현입니다. 체육관을 굳이 만든다고 하지 말고 '세운다'고 했으면 얼마나 좋았을까요?

현실의 글쓰기에선 온갖 데에 '만들다' 하나를 씁니다. 이건창의 가르침에 아랑곳없이 말이 조화롭지도 않고 정교하지도 않습니다. 획일화와 단순화가 있을 뿐입니다.

글쓰기는 말하듯이 자연스럽게 쓰는 게 중요합니다. 우리말에서 쓰던 원래의 말, 그것을 찾아 쓰는 게 가장 좋습니다. '만들다'가 지배하는 요즘의 서술어 체계는 우리말 표현을 위축시킵니다. 그런 사례는 너무나 흔합니다.

- **자금을 만들다 (→ 모으다)**

- 매출 100억 원대 회사로 <u>만들었다</u> (→ 키웠다)

- 원칙을 <u>만들었다</u> (→ 세웠다)

- 시스템을 <u>만들다</u> (→ 갖추다)

- 시간을 <u>만들다</u> (→ 내다)

- 예외를 <u>만들다</u> (→ 두다)

- 종합대책을 <u>만들</u> (→ 마련할) 예정

- 살기 좋은 <u>도시를 만들기 위해</u> (→ 도시로 거듭나기 위해)

- 좋은 일터를 <u>만들다</u> (→ 가꾸다)

- 추억을 <u>만들다</u> (→ 쌓다)

- 차별화를 <u>만들다</u> (→ 이루다)

무심코 쓰던 '만들다' 대신 괄호 안의 말을 써보시길 바랍니다. 서술어가 다양해지면서 말의 느낌이 살아날 것입니다.

 **키포인트**

✔ 송편은 만들지 말고 '빚으세요'.

✔ 관계는 만들지 말고 '맺으세요'.

✔ 해법은 만드는 게 아니라 '나오는' 것

✔ 체육관은 만드는 대신 '세우는' 것

일생에, 한 번은, 제대로
우리말 표현 수업

초판 1쇄	2026년 4월 8일
지은이	홍성호
발행인	문태진
본부장	서금선
책임편집	이예림　　　　**편집 1팀** 한성수 송현경
기획편집팀	임은선 임선아 허문선 강유정 최지인 이준환 송은하 김광연 이은지 김수현 원지연
마케팅팀	김동준 이재성 박병국 문무현 김은지 이지현 전지혜 조용환 김화정 천윤정
저작권팀	정선주 김하림
디자인팀	김현철 강재준 황주미
경영지원팀	노강희 윤현성 정헌준 조샘 이지연 조희연 김기현
강연팀	장진항 조은빛 신유리 김수연 송해인
펴낸곳	㈜인플루엔셜
출판신고	2012년 5월 18일 제300-2012-1043호
주소	(06619) 서울특별시 서초구 서초대로 398 그레이츠 강남 11층
전화	02)720-1034(기획편집)　02)720-1024(마케팅)　02)720-1042(강연섭외)
팩스	02)720-1043
전자우편	books@influential.co.kr
홈페이지	www.influential.co.kr

ⓒ 홍성호, 2026

ISBN 979-11-6834-373-3 (03710)